J. W. von Goethe

Iphigenie auf Tauris

von CHRISTIAN TAUBENBERGER

STARK

© 2018 Stark Verlag GmbH

www.stark-verlag.de

Inhalt

Autor: Christian Taubenberger

Vorwort

Liebe Schülerin, lieber Schüler,

Johann Wolfgang von Goethes Schauspiel *Iphigenie auf Tauris* gilt als das klassische Theaterstück schlechthin. Kein anderes Werk der Dramenliteratur entspricht in Form und Inhalt so sehr den Idealen der Weimarer Klassik. Obwohl uns mehr als 200 Jahre von der Entstehungszeit des Schauspiels trennen und obwohl die Handlung auf einem antiken Mythos basiert, ist die Botschaft aktuell wie nie. Die propagierten ethischen Werte der Humanität, der Toleranz und des friedlichen Miteinanders sowie die hohe ästhetische Qualität sichern Goethes *Iphigenie* ihren weltliterarischen Rang.

Die vorliegende Interpretationshilfe soll Ihnen den Umgang mit diesem besonderen Stück erleichtern und auf nachvollziehbare Art und Weise Hintergründe, Informationen und Möglichkeiten zur Deutung an die Hand geben. Das beginnt mit einem allgemein gehaltenen Überblick über das **Leben Goethes**, dem ein speziell der **Entstehungsgeschichte** der *Iphigenie* gewidmeter Abschnitt folgt. Der detaillierten **Inhaltsangabe** ist zum genaueren Verständnis ein Überblick über die mythologische Vorgeschichte beigegeben. Informationen zur **literarischen Form** des Textes, zu seinem **Aufbau** und seiner inhaltlichen **Struktur** führen den systematischen Zugriff auf das Schauspiel fort.

Die eigentliche Interpretation beginnt mit einer **Charakterisierung des dramatischen Personals**, wobei der Fokus auf Iphigenie selbst liegt, deren Entwicklung hin zur „unerhörten Tat", zur rückhaltlosen Aufrichtigkeit, einen zentralen Aspekt des Stückes ausmacht. Der Deutung der einzelnen Personen und ihres Handelns schließt sich die **Interpretation wichtiger Themen und Motive** an. Innerhalb der Darstellung der **sprachlichen und metrischen Gestaltung** kommt der Besprechung von Wirkungsweise und Funktion des Blankverses eine besondere Bedeutung zu. Abgerundet wird der Interpretationsteil durch die **beispielhafte Analyse und Deutung zweier Textstellen,** die für den erwähnten Entwicklungsprozess Iphigenies entscheidend sind und diesen Prozess deutlich widerspiegeln.

Am Ende des Bandes schließlich stehen ein kurzer **Abriss zu Rezeption und Wirkung** von Goethes *Iphigenie* und ein mit Hinweisen versehenes **Literaturverzeichnis**.

Christian Taubenberger

Einleitung

Warum sich mit einem mehr als zweihundert Jahre alten Theaterstück beschäftigen, das weder inhaltlich noch sprachlich auch nur annähernd etwas mit der Lebenswelt des 21. Jahrhunderts zu tun zu haben scheint? Goethes Schauspiel *Iphigenie auf Tauris*, das in zuverlässiger Regelmäßigkeit im Deutschunterricht der gymnasialen Oberstufe behandelt wird, mag diese Frage durchaus aufwerfen. Weil das Stück zudem schon seit dem 19. Jahrhundert einen wichtigen Bestandteil unseres nationalen literarischen Bildungskanons darstellt, gerät es nur zu leicht in den Verdacht, allein aufgrund seines Status als Klassiker immer wieder Gegenstand der Besprechung durch Generationen von Schülern und Lehrern zu sein.

Nichts von alledem ist der Fall. Denn abgesehen davon, dass es in der didaktischen Diskussion der letzten Jahrzehnte sehr wohl immer wieder die Forderung nach einer Streichung der *Iphigenie* aus dem gängigen Lektürekanon gab, hat das Stück über die Jahre hinweg nichts an Aktualität eingebüßt. Zwar erscheinen die in der *Iphigenie* aufgeworfenen Konflikte auf den ersten Blick tatsächlich realitätsfern und in ihrer Zuspitzung konstruiert – schließlich geht es hier um nichts Geringeres als Glück oder Unglück, Verdammnis oder Befreiung, Tod oder Leben. Bei genauerem Hinsehen jedoch handelt es sich um Konflikte und Fragen, wie sie lebenstypischer nicht sein könnten: um Fragen des Umgangs mit Autoritäten und Konventionen, um die Frage der persönlichen Identität im Spannungsfeld von Heimat und Fremde und, vor dem ganz speziellen Hintergrund männlich-weiblicher Interaktion, um die Frage nach den richtigen Strategien und Wegen zur Konfliktlösung. Entscheidend für den Weg, den Iphigenie angesichts dieser Problemdichte einschlägt, ist der Umstand, dass sie ihn in ganz verschiedenen Rollen geht: als mythologische Figur, als Repräsentantin eines streng definierten Humanitätsbegriffs. Und nicht zuletzt hat sie als individuelle Persönlichkeit ihre liebe Mühe, in dem hochkomplexen Beziehungsgeflecht zu agieren, das ihr Dasein auf Tauris ebenso wie ihre familiäre Situation kennzeichnet. Auch dieses Spannungsfeld aus völlig unterschiedlichen Prägungen und Konventionen, Erwartungen und Ansprüchen rückt das Leben, das Iphigenie in der dramatischen Fiktion führt, sehr nahe an das „echte" Leben heran, völlig unabhängig davon, in welchem Jahrhundert und vor welchem Hintergrund es stattfindet.

Es gibt also genügend gute Gründe, Goethes *Iphigenie* trotz ihres fortgeschrittenen Alters auch heute noch zu lesen. Dass sie ihre Stellung im Deutschunterricht nach wie vor behauptet, ist auf die Tatsache zurückzuführen, dass sich das Werk den Grundthemen menschlicher Existenz widmet und dadurch überzeitliche Gültigkeit beanspruchen kann. Diese Zeitlosigkeit zu erkennen und sie für sich nutzbar zu machen, dazu soll Ihnen, liebe Schülerinnen und Schüler, die vorliegende Interpretationshilfe eine Unterstützung sein. Ihren Zweck hat sie dann erreicht, wenn Sie am Ende Ihrer Beschäftigung mit Goethes *Iphigenie* für sich das Fazit ziehen, dass die Zeit, die Sie auf die Auseinandersetzung mit diesem Stück verwendet haben, eine sinnvolle Investition war.

Biografie und Entstehungsgeschichte

1 Goethes Leben

Johann Wolfgang Goethe
wurde am 28. August 1749
in Frankfurt am Main
geboren. Das großzügige
Stadthaus, in dem er mit
seiner Familie lebte, ist
heute ein Museum. Goethes **Eltern** waren wohlhabend: Sein Vater Johann
Caspar Goethe konnte es
sich dank eines geerbten
Vermögens leisten, sich auf

gesellschaftliche Aufgaben zu beschränken, und auch seine
Mutter Catharina Elisabeth, geborene Textor, entstammte einer
angesehenen und gut betuchten Familie Frankfurts. In diesem
Umfeld spielten Bildung und Ausbildung eine wichtige Rolle:
Johann Wolfgang wurde gemeinsam mit seiner jüngeren Schwester Cornelia von Privatlehrern unterrichtet und erlernte mehrere
Sprachen, Instrumente und Tanz, Fechten und Reiten. Bereits
früh zeigte sich das besondere **Interesse Goethes für Literatur
und Theater**.

Dieses Interesse rückte zunehmend in den Vordergrund, als
Goethe mit 16 Jahren in Leipzig begann, dem Wunsch des
Vaters gemäß **Jura** zu studieren: Er zog die Poetikvorlesungen
Christian Fürchtegott Gellerts den juristischen Repetitorien vor,
übte sich in den verschiedensten künstlerischen Disziplinen,

verfasste zahlreiche Texte und führte ansonsten das Leben eines Bonvivant. Doch nahm die Leipziger Zeit 1768 ein jähes Ende: Goethe erkrankte schwer und war gezwungen, sich zu seinen Eltern nach Frankfurt zurückzuziehen. Erst 1770 machte er sich nach **Straßburg** auf, um seine Studien fortzusetzen. Hier lernte er mit **Johann Gottfried Herder** eine Persönlichkeit kennen, die ihn tief beeindruckte. Herder lehnte die damals in der Literatur übliche, oft sehr schematische Orientierung an der griechisch-römischen Antike ab. Er lenkte Goethes Aufmerksamkeit auf das **Genie Shakespeares**, dessen Dramen voller Ausdruckskraft waren und sich keinen Regeln zu beugen schienen. Ohne jede Rücksichtnahme auf vorhandene literarische Schablonen waren denn auch die intensiven Liebesgedichte, die Goethe für die Elsässer Pfarrerstochter Friederike Brion schrieb (*Sesenheimer Lieder*). Sie sollten die literaturgeschichtliche Epoche des **Sturm und Drang** prägen. 1771 beendete Goethe sein Studium und kehrte nach Frankfurt zurück, um dort eine Rechtsanwaltskanzlei zu eröffnen, um die er sich jedoch von Anfang an wenig kümmerte.

Stattdessen wandte er sich wieder der Literatur zu: 1773 erschien das Drama *Götz von Berlichingen*, der erste große Erfolg Goethes. 1774 folgte der Roman *Die Leiden des jungen Werther*, in dem Goethe seine unglückliche Liebe zu Charlotte Buff aus Wetzlar verarbeitete. Der *Werther* löste eine europaweite Welle der Begeisterung und der Hysterie aus: Junge Männer kleideten sich nach der „Werther-Mode" (blauer Rock und gelbe Hose und Weste), es gab Geschirr mit Werther-Motiven sowie ein „Eau de Werther", und es kam vereinzelt sogar zu Selbstmorden nach dem literarischen Vorbild des leidend liebenden Werther. Goethe war mit gerade einmal Mitte zwanzig eine Berühmtheit geworden.

Diesen Mann konnte **Karl August**, kunstsinniger Herzog von Sachsen-Weimar-Eisenach, im Jahre 1775 als Berater gewinnen. Goethe siedelte in die wenige Tausend Einwohner zählende **Residenzstadt Weimar** um und freundete sich mit dem jungen Monarchen an. Er machte rasch **Karriere bei Hofe**, wurde 1776 Geheimer Legationsrat, drei Jahre später Geheimer Rat des Herzogs und immer mehr zu einer Schlüsselfigur mit einer umfassenden Zuständigkeit. Seit 1782 durfte Goethe sogar einen Adelstitel führen. Er hatte es zu Ansehen und Einfluss in dem kleinen Herzogtum gebracht und genoss diese Position. In dieser Zeit entstanden Erstfassungen der Dramen *Iphigenie auf Tauris* und *Torquato Tasso* sowie des Bildungsromans *Wilhelm Meisters Lehrjahre*.

Charlotte von Stein

Eine besondere Beziehung pflegte Goethe mit der verheirateten, knapp sieben Jahre älteren **Charlotte von Stein**, einer Hofdame der Herzogin Anna Amalia. Goethe liebte Charlotte von Stein über alle Maßen, worauf allein schon die enorme Menge der überlieferten, teils sehr innigen Briefe des Dichters schließen lässt. Wie genau diese Liebe aussah, ob sie nur platonisch oder auch körperlich war, ist allen Spekulationen zum Trotz bis heute ungeklärt geblieben. Unstrittig aber ist, dass durch diese Liebesbeziehung beider Leben und damit auch Goethes literarisches Schaffen auf das Nachhaltigste geprägt wurden: Nicht nur, dass die Ältere dem Dichter, der unter ihrem Einfluss eine Abkehr vom Stil des Sturm und Drang zu vollziehen begann, ein Vorbild an äußerlicher Gefasstheit und konsequenter Selbstbeherrschung war. Sie führte ihn auch in die Etikette der Zeit und des Weimarer Hofes ein und trug dadurch ganz wesentlich zum Erfolg Goethes an seinem neuen Wirkungsort bei.

Mitte der Achtzigerjahre jedoch geriet Goethe in eine existenzielle Krise: Seine Beziehung zu Charlotte von Stein schien in einer Sackgasse zu sein und wurde immer belastender. Seine literarische Produktion ging zurück, seine vielen Aufgaben als Minister erdrückten ihn. In dieser Lage entschloss Goethe sich zu einem **Neuanfang: 1786** reiste er, vom Herzog beurlaubt und ohne auch nur seine engsten Freunde in Kenntnis gesetzt zu haben, für eineinhalb Jahre nach **Italien**. Sein Interesse galt besonders Rom, das damals Sammelpunkt von Künstlern aus ganz Europa war. Hier blühte er auf: Fernab von den zuletzt verhassten politischen Verpflichtungen, konnte Goethe in Italien ganz der Künstler sein, als der er sich fühlte – er malte und modellierte, besichtigte und bildete sich weiter, schrieb und skizzierte.

Von naturwissenschaftlichen Betrachtungen abgesehen, legte Goethe seinen Fokus fast ausschließlich auf die **Rezeption antiker Kunst**. Dem in Italien so präsenten Mittelalter und der Gegenwartskunst schenkte er kaum Aufmerksamkeit. In den Werken der Künstler der griechisch-römischen Antike glaubte Goethe das zu finden, wonach er in seinem Streben nach künstlerischer Selbstvergewisserung immer gesucht hatte: die Aufhebung aller Gegensätze, die in den Dramen des Sturm und Drang einander noch wie Feuer und Wasser und oft genug mit tragischem Ausgang bekämpft hatten, und jene **vollkommene Einheit und Harmonie**, wie sie sich in den Werken einer neuen literarhistorischen Epoche – der erst später so genannten Weimarer Klassik – sowohl im Inhalt als auch in der Form widerspiegeln sollten. Voraussetzung für die zum Prinzip erhobene Harmonie waren **Humanität und Toleranz**, die der stark idealisierenden Literatur- und Geistesepoche zur ethischen Leitlinie für das menschliche Handeln wurden.

Die **Antikenbegeisterung** Goethes wird nirgendwo sonst visuell so deutlich wie auf dem Gemälde *Goethe in der Campagna* von Johann Heinrich Wilhelm Tischbein. Das Bild zeigt den Dichter inmitten einer von römischen Ruinen und Steinfragmenten gesäumten italischen Landschaft. Er ruht überlebensgroß in Vierteldrehung auf Steinblöcken, den Blick sinnierend in die Ferne gerichtet. Im Hintergrund lassen sich unter anderem der Höhenzug der Sabiner oder Albaner Berge und eine Darstellung des Grabmales der Caecilia Metella ausmachen, das in Wirklichkeit an der Via Appia nahe Rom errichtet worden war. Dieses Detail macht deutlich, wie konstruiert das Gemälde im Ganzen ist und welche umfangreichen kompositorischen Eingriffe der Maler vorgenommen hat. Dazu passt auch, dass Tischbein der Person Goethes ein Relief an die Seite stellte, das die Begegnung zwischen Iphigenie, Orest und Pylades zeigt – Ausdruck des Stellenwertes, den die *Iphigenie auf Tauris* innerhalb der künstlerischen Neuorientierung des Dichters einnahm.

Johann Heinrich Wilhelm Tischbein, *Goethe in der Campagna* (1787)

Goethes Rezeption der Antike, die für die Weimarer Klassik konstitutiv werden sollte, hatte freilich auch ihrerseits Vorbilder und war keineswegs von Goethe oder seinen Künstlergenossen in Rom selbst begründet worden. Am prägendsten war in dieser Hinsicht der deutsche Archäologe und Kunsthistoriker **Johann Joachim Winckelmann** gewesen, der 1755 unter dem Titel *Gedanken über die Nachahmung der Griechischen Werke in der Malerey und Bildhauerkunst* eine Aufmerksamkeit erregende Schrift veröffentlicht hatte. Nach Winckelmann war es der erste Zweck künstlerischen Schaffens, die von ihm zum Idealtypus erhobene antike – und zwar vornehmlich griechisch-antike – Kunst und Kultur zu imitieren. Dies sollte möglichst ohne eigene Zusätze erfolgen: Für den Gelehrten waren die griechischen Plastiken, die er studiert hatte (und die in Wirklichkeit oft römische Kopien nach griechischen Vorbildern gewesen waren), in ihrer Qualität unerreichbar, sodass jede eigene Zutat durch die Künstler des 18. Jahrhunderts eine Verschlechterung darstellen musste. Als kompositorisches Leitbild galt Winckelmann dabei die Formel „**edle Einfalt, stille Größe**", die er unter Beobachtung und Interpretation des Habitus griechischer Figuren selbst entwickelt und dem barocken Überschwang und Formenüberfluss seiner Zeit entgegengesetzt hatte. Die eindrucksvolle, heute in den Vatikanischen Museen in Rom aufbewahrte Figurengruppe des trojanischen Priesters Laokoon und seiner beiden Söhne empfand er in diesem Zusammenhang als beispielhaft: Die stille Größe Laokoons werde, so die Deutung Winckelmanns, in dieser Darstellung dadurch deutlich, dass der Priester sogar im Todeskampf gegen die von Athene geschickten Seeschlangen seine Pein und seinen Schmerz nicht laut hinausschreie.

Auch wenn Goethe durch die Forderung Winckelmanns, die griechische Antike zum Maß aller Dinge zu nehmen, beeinflusst wurde, entzog er sich jedoch selbstbewusst ihrer Radikalität. Er verweigerte sich der Ausschließlichkeit, mit der Winckelmann das Humane für die griechische Antike reklamierte, indem er die Humanität als Errungenschaft des aufgeklärten, verantwortlichen und aktiven Individuums auffasste, wie sie vor jedem kulturellen Hintergrund und in jeder Epoche möglich ist. Dass er mit seiner *Iphigenie* dennoch auf die griechische Mythologie als Handlungsrahmen zurückgriff, zeigt nur einmal mehr die zeittypische und auch bei Goethe vorhandene Idealisierung und Rezeption der Antike.

Die Laokoon-Gruppe (Vatikanische Museen) zeigt den Todeskampf des trojanischen Priesters und seiner Söhne; an ihr entwickelte Winckelmann seine Formel der „edlen Einfalt, stillen Größe", mit der er die antike Geisteshaltung idealisierte.

Als Goethe im Juni 1788 wieder nach Weimar zurückkehrte, ermöglichte Karl August es dem der Weimarer Hofgesellschaft in mehrfacher Hinsicht fremd Gewordenen, sich weiterhin auf seine naturwissenschaftlichen Forschungen und sein künstlerisches Werk zu konzentrieren. Er betraute ihn nicht mehr mit den alten politischen Ämtern, sondern übertrug ihm die Aufsicht über das Hoftheater und die Jenaer Universität. Diese freundschaftliche Wiederaufnahme lässt freilich nicht nur die gute Verbindung zwischen dem Monarchen und dem Dichter erahnen. Sie spiegelt auch eine Kulturpolitik wider, durch die das unscheinbare Residenzstädtchen Weimar zu einem kulturellen Zentrum des Heiligen Römischen Reiches deutscher Nation geworden war. Einen Höhepunkt erlebte diese Entwicklung durch die **literarisch-geistige Partnerschaft Goethes mit** dem um zehn Jahre jüngeren Friedrich **Schiller**, der auf Goethes Betreiben ebenfalls nach Weimar übersiedelte: Ab 1794 kam es zu einer hochproduktiven und von intensivem Austausch geprägten Schaffensperiode beider Künstler, die später vereinfachend als die „**Weimarer Klassik**" bezeichnet wurde. Mit dem Epos *Hermann und Dorothea* gelang Goethe in dieser Zeit erstmals wieder ein durchschlagender Publikumserfolg. Schillers Tod im Jahre 1805, im Alter von nur 45 Jahren, stellte eine tiefe Zäsur für Goethes Leben und Schaffen dar.

1808 begann Goethe mit den Arbeiten an seiner Autobiografie *Aus meinem Leben. Dichtung und Wahrheit*, die er erst kurz vor seinem Tod zu Ende brachte. Ähnlich wie dieses Werk begleitete ihn auch der **Faust** über mehrere Jahrzehnte hinweg. Neben der Ikone der deutschen Literaturgeschichte, die die zweiteilige *Faust*-Tragödie ist, gehören der Roman *Die Wahlverwandtschaften*, der Reisebericht *Italienische Reise*, den Goethe erst drei Jahrzehnte nach seiner Italienreise verfasste, und die Gedichtsammlung *West-östlicher Divan* zu den bekannten Werken seiner Altersdichtung. Goethes enorme Produktivität als

Künstler und Wissenschaftler hielt bis ins hohe Alter an. Dadurch, dass er sich nicht um die alltäglichen Dinge des Lebens kümmern musste und er seine Texte immer häufiger diktierte, konnte er seine Arbeitseffizienz zusätzlich steigern. Bereits zu Lebzeiten residierte Goethe in seinem Haus am Weimarer Frauenplan (heute ebenfalls Museum) als der Dichter und Wissenschaftler von Weltrang, der er war und als den man ihn auch verehrte.

Mit **Christiane Vulpius**, einer jungen Arbeiterin ohne besondere Bildung, war Goethe nach seiner Rückkehr aus Italien eine Verbindung eingegangen – der Empörung der feinen Gesellschaft zum Trotz. Dieser Schritt vollendete den **Bruch mit Charlotte von Stein**, die sich bereits durch die überstürzte und unangekündigte Abreise nach Italien auf das Tiefste verletzt gefühlt und von Goethe zurückgezogen hatte. Die Versuche Goethes, das Verhältnis wieder zu erneuern, wurden nicht erwidert. Im Gegenteil: Charlottes 1794 fertiggestelltes Trauerspiel *Dido* ist eine unverblümte Schmähung Goethes und eine gezielte Herabsetzung des standesungleichen, unverheirateten Paares. Erst ab der zweiten Hälfte der Neunzigerjahre ist wieder ein wohlwollender wechselseitiger Kontakt feststellbar, der aber der alten Liebesbeziehung nicht mehr im Entferntesten entsprach. Als Bindeglied zwischen dem Ehepaar Goethe – der Dichter hatte seine Lebensgefährtin 1806 geheiratet – und Charlotte von Stein fungierte Goethes einziger Sohn August. Die Besuche des Kindes bei Charlotte legten den Grundstein für eine neue, bis zum Tod der Älteren im Jahre 1827 anhaltende Freundschaft.

Dem Tod Charlottes von Stein war schon 1816 der Tod Christianes vorausgegangen – ein schmerzhafter Verlust für den Dichter, der ihn aber nicht davon abhielt, noch als Mittsiebziger um die Hand der 19-jährigen Ulrike von Levetzow anzuhalten, die er in Karlsbad kennengelernt hatte. Sein spätes Liebeswerben blieb allerdings vergeblich, den Schmerz darüber verarbeitete Goethe in der *Marienbader Elegie.*

1828 starb Goethes Freund und Gönner Karl August, 1830 im fernen Rom sein Sohn August. Noch heute lässt der Grabstein Augusts auf dem Cimitero acattolico erahnen, wie sehr der Sohn im Schatten des Vaters stand: „Goethe filius patri antevertens obiit ...“ („Goethe der Sohn, dem Vater vorangehend, starb ...“), ist darauf zu lesen – sogar auf seinem eigenen Grabstein kommt August nicht namentlich, sondern lediglich in seiner Funktion als Sohn Goethes vor. Goethe selbst war 82 Jahre alt, als er am 22. März 1832 einer Lungenentzündung erlag. Man bestattete ihn in der **Weimarer Fürstengruft**, an jenem Ort, wo bereits Herzog Karl August und Friedrich Schiller ruhten. (2008 stellte man mittels eines Gentests fest, dass es sich bei den Gebeinen im „Schiller-Sarg“ nicht um die des Dichters handelt.) Die Ehre der Beisetzung in der herzoglichen Gruft zeigte ein letztes Mal den Ruhm des Universalkünstlers Goethe, dessen Bedeutung für die europäische Kulturgeschichte und die Weltliteratur weit über die engen Grenzen des kleinen Herzogtums hinausgewachsen war.

2 Die Entstehung des Schauspiels *Iphigenie auf Tauris*

Die Anfänge der *Iphigenie* liegen in den ersten Jahren des Wirkens Goethes am Weimarer Hof: Zu Beginn des Jahres 1779 unternahm der Staatsmann und Politiker Goethe im Auftrag seines Herzogs eine Rundreise, um Rekruten für den Krieg Friedrichs des Großen von Preußen gegen Maria Theresia von Österreich auszuheben, wozu das Herzogtum Sachsen-Weimar-Eisenach als Bündnispartner Preußens verpflichtet war. Parallel dazu hatte er mit seiner Arbeit an einem Schauspiel über Iphigenie, die in der griechischen Mythologie die Tochter des Königs Agamemnon war, begonnen. Dabei orientierte er sich vor allem an Euripides' (ca. 480–406 v. Chr.) Bearbeitung des antiken Stoffes.

Goethes Stück sollte anlässlich des Kirchgangs der Herzogin Luise nach der Geburt der Tochter Luise Auguste Amalie, des ersten Kindes des Herzogspaares, vor der höfischen Gesellschaft Weimars aufgeführt werden. Es war zunächst in Prosa konzipiert. Leid und Elend, Hunger und Armut, die Goethe auf seiner Rundreise zu sehen bekam, erschütterten ihn jedoch tief und machten es ihm schwer, seine dichterische Arbeit unberührt fortzusetzen. In einem am Abend des 6. März verfassten Brief an Charlotte von Stein in das heimatliche Weimar klagt Goethe, indem er auf die Armut herzoglicher Untertanen in dem Städtchen Apolda Bezug nimmt: „Hier will das Drama gar nicht fort, es ist verflucht, der König von Tauris soll reden, als wenn kein Strumpfwürker in Apolde hungerte."[1]

Ende März 1779 waren die Arbeiten an der ersten Fassung der *Iphigenie* endlich abgeschlossen – zu spät für den eigentlichen Anlass, den Kirchgang der Herzogin, der bereits am 14. März stattgefunden hatte. Nichtsdestotrotz kam das Stück am 6. April zur **Aufführung vor dem Hofpublikum** in Weimar, wobei alleine Corona Schröter – sie verkörperte die Iphigenie – von Beruf Schauspielerin war: Alle anderen Darsteller waren Personen des Hofes; Goethe selbst gab sogar den Orest. Diese Rollenwahl führte

Erstaufführung der *Iphigenie*-Prosafassung am 6. April 1779 in Weimar mit Goethe als Orest und Corona Schröter als Iphigenie; Gemälde von Melchior Kraus

in der Literaturwissenschaft zu der Spekulation, Charlotte von Stein sei gewissermaßen als imaginäre „Schwester" des Dichters die Vorbildfigur für die literarische Iphigenie gewesen – eine

Annahme, die ebenso wenig belegbar ist wie die These, Goethe habe sich für die Hauptfigur seines Schauspiels an seiner verstorbenen Schwester Cornelia orientiert. Die Aufführung jedenfalls scheint ein Erfolg gewesen zu sein – in seinem Tagebuch vermerkte Goethe: „*Iphigenie* gespielt. Gar gute Wirkung davon, besonders auf reine Menschen."[2] Eine weitere Aufführung fand ein Vierteljahr später, im Juli 1779, auf Schloss Ettersburg statt, wo man den Herzog in der Rolle des Pylades sehen konnte.

Goethe war – wie offensichtlich auch einige seiner Weimarer Freunde und Weggefährten – mit dem Ergebnis seiner Arbeit trotzdem nicht vollkommen zufrieden: Bereits im folgenden Jahr ging er auf Anraten des Dichters Christoph Martin Wieland daran, die **Prosafassung** in eine Fassung mit freirhythmischen Versen **umzuarbeiten**, um wiederum im Jahr darauf eine zweite Prosafassung zu konzipieren. 1786 schließlich unternahm er während eines Aufenthalts in Karlsbad einen neuen Versuch, die *Iphigenie* in ein Versgewand zu kleiden. Um sich dem Stil der griechischen Tragödien anzunähern, griff Goethe unter dem Einfluss seines Freundes Johann Gottfried Herder und einer Abhandlung Karl Philipp Moritz', den er in Rom noch persönlich kennenlernen sollte, bei der Umarbeitung auf den **Blankvers** zurück, einen als besonders ästhetisch empfundenen jambischen Fünfheber, der bereits in den Dramen von Gotthold Ephraim Lessing Anwendung gefunden hatte. Nun ließ Goethe eine größere Unterbrechung der Arbeit an der *Iphigenie* nicht mehr zu: Als er im September 1786 fluchtartig nach Italien abreiste, hatte er auch das *Iphigenie*-Manuskript mit im Gepäck. Unter dem Eindruck der eigenen Antikenverehrung und des daraus abgeleiteten Ideals der Einheit und Harmonie nahm er während der italienischen Monate wichtige Umarbeitungen an dem Stück vor. „Rein" nach dem Vorbild der idealisierten Antike sollte der Text werden, und am 18. September 1786 vermeldete der Dichter an Johann Gottfried Herder und dessen Frau: „Nachdem mir das lang muthwillig verschloßne Ohr endlich aufgegangen, so verjagt nun eine harmonische Stelle die nächste unharmonische, und so wird hoffentlich das ganze Stück rein."[3] Nach der Fertigstellung der Versfassung in Rom vermerkte er am 10. Januar 1787 mit Erleichterung:

> *Hier folgt denn also das Schmerzenskind, denn dieses Beiwort verdient „Iphigenia", aus mehr als Einem Sinne. Bei Gelegenheit, daß ich sie unsern Künstlern vorlas, strich ich verschiedene Zeilen an, von denen ich einige nach meiner Überzeugung verbesserte, die andern aber stehen lasse, ob vielleicht Herder ein paar Federzüge hineinthun will. Ich habe mich daran ganz stumpf gearbeitet.*[4]

Einige Tage später übersandte er das „Schmerzenskind" Herder mit den Worten:

> *Möge es Dir nun harmonischer entgegen kommen. Lies es zuerst als ein ganz Neues, ohne Vergleichung, dann halt es mit dem Alten zusammen, wenn Du willst. Vorzüglich bitt' ich Dich, hier und da dem Wohlklange nachzuhelfen. [...] Ich habe mich an dem Stücke so müde gearbeitet. Du verbesserst das mit einem Federzuge. Ich gebe Dir volle Macht und Gewalt. Einige halbe Verse habe ich gelassen, wo sie vielleicht gut thun, auch einige Veränderungen des Sylbenmaßes mit Fleiß angebracht. Nimm es nun hin und laß ihm Deine unermüdliche Gutheit heilsam werden. Lies es mit der [!] Frauen, laß es Frau von Stein sehen, und gebt Euren Segen dazu. Auch wünscht' ich, daß es Wieland ansähe, der zuerst die schlotternde Prosa in einen gemeßnern Schritt richten wollte und mir die Unvollkommenheit des Werks nur desto lebendiger fühlen ließ. Macht damit, was Ihr wollt, dann laß es abschreiben.*[5]

Noch im selben Jahr erschien die endgültige Versfassung sowohl als Einzeldruck als auch in einer mehrbändigen Ausgabe von Goethes Schrifttum bei Göschen in Leipzig. Eine größere Beachtung durch das gebildete Publikum in Deutschland blieb der goetheschen *Iphigenie* jedoch zunächst verwehrt. Zur **Uraufführung des neuen Stückes** sollte es erst 13 Jahre später in **Wien** kommen; in Goethes Heimatstadt Weimar wurde es schließlich 1802 aufgeführt. In diesen Zusammenhang gehört auch jener Brief Goethes an seinen Freund Schiller, in dem sich die berühmte Charakterisierung des Schauspiels als „ganz verteufelt human" findet:

> *Hiebei kommt die Abschrift des gräcisirenden Schauspiels. Ich bin neugierig, was Sie ihm abgewinnen werden. Ich habe hie und da hineingesehen, es ist ganz verteufelt human. Geht es halbweg, so wollen wir's versuchen: denn wir haben doch schon öfters gesehen, daß die Wirkungen eines solchen Wagestücks für uns und das Ganze incalculabel sind.*[6]

Das Schattendasein, das der *Iphigenie auf Tauris* vorübergehend beschieden war, steht in völligem Gegensatz zu der Bedeutung, die der Text sowohl in der deutschen Literaturgeschichte als auch innerhalb des Gesamtwerkes Goethes einnimmt: Die *Iphigenie* gilt als einer der **Schlüsseltexte** der „Weimarer Klassik" und wird immer wieder sogar als deren „Geburtsstunde" apostrophiert.

Inhaltsangabe

1 Mythologischer Hintergrund

Für ein umfassendes Verständnis des Schauspiels ist die Kenntnis der mythologischen Grundlagen unabdingbar. Daher wird der eigentlichen Inhaltsangabe eine kurze Zusammenfassung des mythologischen Geschehens vorgeschaltet, auf das sich der dramatische Text Goethes bezieht und das er auch als bekannt voraussetzt.

Stammtafel der Tantaliden

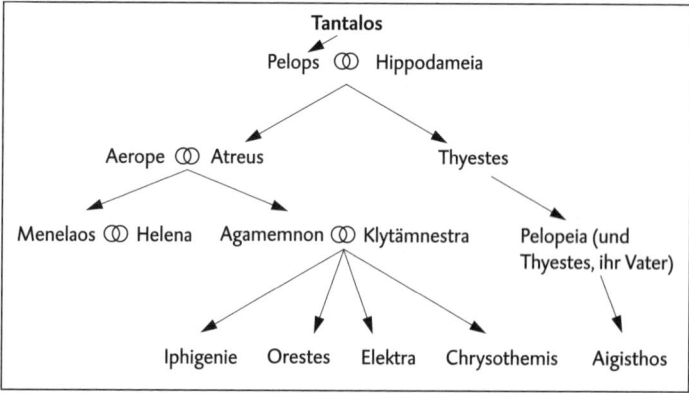

Iphigenie und ihre Geschwister Orest, Elektra und Chrysothemis sind Abkömmlinge des sogenannten **Atriden-** (nach Atreus) oder **Tantalidengeschlechtes** (nach Tantalos), das in der griechischen Sagenwelt einen herausragenden Platz einnimmt. Die grausame Geschichte dieses Geschlechts beginnt mit dem Stammvater Tantalos, als dessen Vater in der sagenhaften Überlieferung unter anderem auch Zeus selbst genannt wird. Tantalos ist es als menschlichem Liebling Zeus' erlaubt, auf dem Olymp gemeinsam mit den Göttern zu speisen. Zeus macht den Auserwählten sogar zu seinem Vertrauten und weiht ihn in seine Pläne ein. Aus **Hybris** und Selbstüberschätzung heraus erweist sich Tantalos jedoch als dieser hohen Ehren unwürdig: In einer Version der Tantalossage heißt es, er habe das Vertrauen Zeus' missbraucht und den Menschen

Tantalos im Tartaros (Kupferstich, um 1840)

die olympischen Geheimnisse ebenso verraten wie er für sie Nektar und Ambrosia, die Speise der Götter, gestohlen habe. Die andere Version berichtet, dass Tantalos die göttliche Allwissenheit der Olympier auf die Probe stellen wollte, indem er ihnen seinen Sohn Pelops zum Essen vorsetzte. Das Ergebnis beider Versionen ist identisch: Tantalos wird von den Göttern **in den Tartaros verstoßen**, wo er in einem Teich steht, dessen Wasser zurückweicht, sobald er trinken will, und unter einem Baum mit Früchten, die sich einem Zugriff ebenfalls sofort entziehen. Zudem ist Tantalos ständig davon bedroht, von einem Felsbrocken erschlagen zu werden. Doch diese sogenannten **Tantalosqualen** sind nicht die einzige Strafe: Mit dem Stammvater belegen die Götter zugleich die gesamte Sippe für alle Zeiten mit dem **Fluch**, dass jeder Tantalide immer wieder schreckliche Taten begehen und aufs Neue schwere Schuld auf sich laden werde. Damit beginnt eine lange, über fünf Generationen währende Kette von

Gewalt und Grausamkeiten, die erst mit dem Tod des letzten Tantaliden ein Ende findet: mit Orest, Iphigenies Bruder, der in der griechischen Mythologie durch einen Schlangenbiss stirbt.

In den Zusammenhang der Tantalidensage einerseits und in die mythischen Vorgänge um den **Trojanischen Krieg** andererseits ist die **Geschichte Iphigenies** einzuordnen: Als der trojanische Prinz Paris Helena, die sagenhaft schöne Gattin des stolzen Spartanerkönigs Menelaos, entführt, mobilisiert der Betrogene fast die gesamte griechische Welt, um diese Schmach zu rächen und gegen Troja zu ziehen. Unter den Mitstreitern Menelaos' ist auch sein Bruder **Agamemnon**, der König von Mykene und Vater Iphigenies, Elektras, Orests und Chrysothemis'. Unter seinem Befehl segelt die Flotte der Griechen nach Troja. Auf einer Zwischenstation in Aulis kommt es jedoch zu einer lang anhaltenden **Windstille**, die die Griechen an der Weiterfahrt hindert und dazu führt, dass die Angreifer ihre Vorräte vor der Zeit aufbrauchen. Diese Windstille ist nichts anderes als eine **Strafe der Jagdgöttin Artemis** – identisch mit der römischen Göttin Diana –, deren Zorn Agamemnon auf sich gezogen hat. Er hatte in einem der Artemis geweihten Hain eine heilige Hirschkuh getötet und sich gerühmt, ein besserer Jäger als die Jagdgöttin selbst zu sein. Von dem verzweifelten Agamemnon befragt, äußert der Seher Kalchas, dass Agamemnon seine Tochter Iphigenie opfern müsse, wenn er die göttliche Strafe wieder aufheben wolle. Agamemnon setzt daraufhin die lange Tradition des Verwandtenmordes in seinem Geschlecht fort: Er lockt Iphigenie und ihre Mutter Klytämnestra mit einer List in das Heerlager der Griechen, doch als **Iphigenie** getötet werden soll, **entrückt** die Göttin Artemis sie **nach Tauris** am Schwarzen Meer (Halbinsel Krim) und lässt auf dem Altar eine Hirschkuh zurück. Auf Tauris, wo König Thoas herrscht, muss Iphigenie der Artemis als Priesterin dienen und ihrer Göttin auf Geheiß des Königs alle Fremden opfern, die die Insel der Barbaren betreten. Ihre Mutter **Klytäm-**

nestra muss allerdings von ihrem Tod ausgehen und verzeiht Agamemnon den Verrat an der gemeinsamen Tochter nicht. Als dieser siegreich aus Troja nach Mykene zurückkehrt, ermordet sie ihn gemeinsam mit ihrem Liebhaber Aigisthos im Bad.

In der Zwischenzeit ist **Orest** bei seinem Onkel Strophios herangewachsen und hat in dessen Sohn Pylades einen brüderlichen Freund gefunden. Zusammen beschließen die beiden, den **Mord am Vater zu rächen:** Klytämnestra stirbt durch die Hand des eigenen Sohnes, der damit die fluchbeladene Tradition des Verwandtenmordes im Geschlecht der Tantaliden ein weiteres Mal fortsetzt. Seine Tat bezahlt Orest noch zu Lebzeiten teuer: Die **Erinnyen**, furchterregende Rachegöttinnen, verfolgen ihn und führen ihm seine Tat unablässig vor Augen, um ihn in den Wahnsinn zu treiben. In dieser Situation weissagt ihm ein **apollinisches Orakel**, er könne sich von dem Fluch lösen, wenn er in das Land der skythischen Taurer fahre, dort die Statue der Artemis, der göttlichen Schwester Apolls, entwende und sie Apoll in Griechenland darbringe. Orest, aufgrund der fortwährenden Verfolgung durch die Erinnyen dem Wahnsinn nahe und von seinen Mitmenschen gemieden, macht sich daraufhin gemeinsam mit Pylades auf nach Tauris – ohne auch nur zu ahnen, dass seine Schwester dort als Priesterin der Artemis ihren Dienst versieht.

Römischer Sarkophag (130–140 n. Chr.); links: Die Gefangenen Orest und Pylades werden Iphigenie im Heiligtum der Diana vorgeführt (der am Baum hängende Kopf verweist auf das Menschenopfer); rechts: Pylades mit Orest, der von einer Erinnye mit Peitsche und Schlange bedrängt wird

2 Inhaltsangabe

1. Aufzug, 1. Auftritt

Iphigenie betritt den Hain vor dem Tempel der Göttin Diana, deren Priesterin sie ist. Sie klagt darüber, dass sie sich fern der griechischen Heimat und ihrer Eltern und Geschwister auf der Insel Tauris befindet, weshalb sie ihren Dienst für die Göttin auch nur widerwillig versieht. Es bekümmert Iphigenie, dass sie als Frau zu Passivität und Unterordnung unter den männlichen Willen verurteilt ist, während die Männer im Kampf ihr Schicksal selbst in die Hand nehmen können. Der Auftritt endet mit dem Gebet Iphigenies an Diana, sie doch noch einmal – nach der Errettung vor der Opferung in Aulis – vor jenem Tod zu retten, als den sie das Leben auf Tauris empfindet.

1. Aufzug, 2. Auftritt

Es erscheint Arkas, der Vertraute des Taurerkönigs Thoas. Er vermeldet Siege des Heeres sowie die baldige Ankunft des Königs. Dabei gibt er der jungfräulichen Priesterin zu verstehen, dass Thoas von ihr ein Entgegenkommen erwartet, schließlich habe er sie nach ihrer wundersamen Ankunft vor vielen Jahren gastfreundlich auf der Insel aufgenommen und ihr seine Zuneigung erwiesen. Der Vertraute des Königs gerät mit Iphigenie in einen Disput, als er ihr Unnahbarkeit vorwirft und sie ihre Zurückhaltung mit ihrem Schicksal begründet, mehr oder weniger tatenlos in der Fremde leben zu müssen. Arkas betont aber auch die Verdienste Iphigenies, darunter die Aufhebung des archaischen Brauches, alle nach Tauris kommenden Fremden der Göttin Diana zu opfern. Das momentane Kriegsglück der Taurer führt er ebenso auf die Anwesenheit und das Wirken Iphigenies zurück.

Schließlich setzt er Iphigenie von Thoas' Vorhaben in Kenntnis, erneut um sie zu werben, und deutet einen „harten Schluss" (V. 204) des Königs – gemeint ist die Wiederaufnahme des bar-

barischen Opferbrauches – an, sollte die Priesterin den Antrag ablehnen. Da sein Sohn gefallen ist, also der Thronfolger fehlt, fürchtet Thoas um Stabilität und Frieden in seinem Königtum. Iphigenie ist verzweifelt und unterstellt sich dem Schutz der Götter, falls Thoas sie mit Gewalt zur Ehe zwingen will.

1. Aufzug, 3. Auftritt

König Thoas trifft bei Iphigenie ein und offenbart ihr unter Verweis auf den Verlust seines Sohnes und Thronfolgers die Absicht, sie zu seiner Frau zu machen. Als Iphigenie ausweicht, drängt er sie, doch endlich ihre Herkunft preiszugeben und ihm so ihr Vertrauen zu beweisen – dabei verspricht er ihr sogar die Freiheit, wenn

Thoas (Marcus Calvin) versucht, sich Iphigenie (Anne Schäfer) zu nähern; Aufführung des Bayerischen Staatsschauspiels (2009)

sich ihr eine Möglichkeit zur Rückkehr in ihre Heimat bieten sollte. Schließlich gibt sich Iphigenie als Nachfahrin von Tantalos zu erkennen und schildert ausführlich die Gräueltaten ihrer Ahnen und die Umstände ihrer Ankunft auf Tauris. Doch Iphigenies Hoffnung, Thoas' Werbung durch dieses Geständnis des auf ihr lastenden Fluchs zu entgehen, erfüllt sich nicht. Auch ihre Aussage, dass sie durch ihre Rettung zum Eigentum der Göttin geworden ist, kann ihn nicht beeindrucken. Beide werfen sich schließlich in einem heftigen Streitgespräch wechselseitig vor, nur nach ihren eigenen Wünschen zu handeln und die Stimme der Vernunft zu überhören: Iphigenie, weil sie um eine Heimkehr nach Mykene bittet, Thoas, weil er auf einer Heirat besteht. Er bleibt bei seinem Wunsch und gebietet am Ende, als er erneut von der Priesterin zurückgewiesen wird, die Wiederaufnahme des alten Opferbrauches. Gleich sollen zwei jüngst am Inselufer aufgegriffene Fremde von Iphigenie geopfert werden.

1. Aufzug, 4. Auftritt

Wiederum wendet Iphigenie sich inbrünstig betend an ihre Göttin. Sie bittet sie darum, sie vor dem Zwang zu bewahren, durch ein Menschenopfer ihre Hände mit Blut zu beflecken.

2. Aufzug, 1. Auftritt

Zu Beginn des zweiten Aufzugs treten die beiden Fremden auf, die die Opfer des grausamen Brauches werden sollen: Es sind Iphigenies Bruder Orest und sein Freund Pylades. Während Orest sich schon mit seinem vorzeitigen Tod als charakteristisch für einen Tantaliden abgefunden zu haben scheint, ist Pylades guten Mutes und hofft auf eine Gelegenheit zur Flucht – schließlich habe Apoll ihnen „Trost und Hülf' und Rückkehr" (V. 612) im „Heiligtum der Schwester" (V. 611) versprochen. Orest verfällt bei der Erinnerung an die Vergangenheit in Verzweiflung über sein Geschlecht, dessen Blutspur er nun selbst als Rächer Agamemnons und Mörder Klytämnestras fortgesetzt hat. Selbst die Erinnerung an die glücklichen, an Pylades' Seite verbrachten Jugendjahre wird durch sein Verbrechen getrübt. Von den Rachegöttinnen gequält, kann Orest nur noch an sein eigenes Ende denken und scheint es sogar herbeizusehnen. Pylades dagegen bleibt optimistisch und geht nochmals auf den Spruch Apolls ein: „Bringst du die Schwester zu Apollen hin" (V. 722) nach Delphi, so der Spruch, so werde Orest von den „Unterird'schen" (V. 727) – den Erinnyen – befreit. Dass mit der „Schwester" die Schwester Orests und nicht ein Götterbild der Diana, der Schwester Apolls, gemeint ist, ist den beiden zu diesem Zeitpunkt noch nicht bewusst. Pylades hofft auf die Mithilfe der Diana-Priesterin bei seinem Fluchtvorhaben und schickt Orest weg, um alleine und vorerst noch inkognito mit ihr zu sprechen.

2. Aufzug, 2. Auftritt

Iphigenie tritt auf und nimmt Pylades die Ketten ab, nachdem sie ihn als Griechen erkannt hat. Pylades erfindet listig eine Geschichte und stellt sich und seinen abwesenden Freund als Söhne eines Troja-Kämpfers vor. Iphigenie selbst gibt sich lediglich als Priesterin aus, ohne ihren Namen zu nennen. Von dem Fremden erfährt sie nun, was sich seit ihrer Rettung nach Tauris zugetragen hat: der Fall Trojas und die Ermordung Agamemnons durch Klytämnestra und ihren Geliebten als Folge von Iphigenies Opferung in Aulis. Iphigenie ist entsetzt, und Pylades sieht in ihrem Schmerz einen Hinweis auf ihre persönliche Nähe zum mykenischen Königshaus, sodass er hofft, sie umso leichter für seine und Orests Sache gewinnen zu können.

3. Aufzug, 1. Auftritt

Nach Pylades trifft Iphigenie nun auch auf Orest, der die Ausführungen Pylades' bestätigt und den sie darüber hinaus nach dem Verbleib ihrer Geschwister Elektra und Orest befragt. Orest erzählt, immer noch inkognito und in der dritten Person, seine eigene Geschichte: wie er von Pylades' Vater aufgezogen worden ist, wie er mit dem Freund beschlossen hat, den Tod Agamemnons zu rächen, wie ihn die Schwester Elektra zusätzlich aufgehetzt hat und wie er schließlich den Muttermord begangen hat. Nachdem er von der Jagd der Erinnyen auf den Muttermörder berichtet hat und Iphigenies Anteilnahme spürt, gibt er sich der Priesterin zu erkennen, die ihm daraufhin die Erinnerung an eine weitere Schwester ins Gedächtnis ruft und ihrerseits ihre Identität lüftet. Während Iphigenies Freude über das Wiedersehen groß ist und sie ihren Bruder in die Arme schließen will, sieht Orest nun alles nur in einem noch düstereren Licht und hält Iphigenie zuerst selbst für eine Rachegöttin. Mit grimmiger

Genugtuung konstatiert er dann, dass sich der Fluch der Tantaliden erneut auf grausame Weise bestätigt, hat seine Schwester
doch als Priesterin den Auftrag, ihn zu opfern. Iphigenie dankt
nach all den Schreckensnachrichten den Göttern für das Wiedersehen mit Orest. Dieser wünscht sich hingegen nur den Tod,
zumal er davon überzeugt ist, dass die Erinnyen nur darauf warten, dass er den heiligen Hain wieder verlässt und sie ihn atta-
ckieren können. Von Todes- und Untergangsahnungen überwäl-
tigt, sinkt Orest ohnmächtig zu Boden, woraufhin Iphigenie sich
auf die Suche nach Pylades macht, um ihn zu Hilfe zu holen.

Iphigenie und Orest erkennen sich wieder; Aufführung am Staatstheater Stuttgart, 1997

3. Aufzug, 2. Auftritt

Allein gelassen, hat Orest ein visionäres Erlebnis, in dem er
seine Ahnen, darunter seine eigenen Eltern, in einer nie erlebten
Einigkeit in der Unterwelt zu Gesicht bekommt und als der
letzte (männliche) Tantalide in ihren Kreis aufgenommen wird.
Nur der Ahnherr Tantalos fehlt. Er muss für seine Schuld in der
Unterwelt büßen.

3. Aufzug, 3. Auftritt

Erst den herbeieilenden Iphigenie und Pylades gelingt es, den Bruder und Freund von seinem Wahn zu befreien. Nun freut auch Orest sich über das unverhoffte Zusammentreffen mit der Schwester, und er spürt, dass in ihrer Gegenwart die Erinnyen von seiner Verfolgung ablassen. Doch noch immer schwebt das Damoklesschwert der Opferung über den dreien, weshalb Pylades die Freunde zur schnellen Tat drängt.

4. Aufzug, 1. Auftritt

Die Tatkraft, die Entschlossenheit und der Listenreichtum Pylades' machen auf Iphigenie tiefen Eindruck: In einer freirhythmischen Rede rühmt sie seine Ankunft als göttliche Hilfe in so schwieriger Zeit und preist seine Vorzüge. Dabei wird deutlich, dass Pylades sich einen Fluchtplan ausgedacht hat, bei dem Iphigenie eine wesentliche Rolle spielt: Alle drei sollen – vermeintlich dem Spruch Apolls folgend – das Götterbild der Diana aus dem Tempel entwenden und mithilfe mehrerer heimlich am Strand wartender Gefährten zu Schiff fliehen. Um Zeit zu gewinnen, solle Iphigenie gegenüber dem König Thoas das Opfer mit einer Lüge hinauszögern, und genau diese Lüge ist es, die Iphigenies Begeisterung für den Plan noch während ihres Selbstgesprächs schwinden lässt.

4. Aufzug, 2. Auftritt

Obwohl Iphigenie innerlich zerrissen ist, als Arkas kommt und im Auftrag des Königs die Opferung der Fremden anmahnt, trägt sie ihm gegenüber die vereinbarte List zunächst noch mit: Sie erklärt dem Gesandten, dass der Vollzug des Opfers sich verzögere, weil einer der beiden Fremden durch Verwandtenmord befleckt sei und seine Anwesenheit die heilige Stätte entweiht habe, sodass das Götterbild vor der Opferung im Meer wieder rein gewaschen werden müsse. Arkas ist misstrauisch: Er will, obwohl es sich bei dieser religiösen Zeremonie um einen Akt handelt, der ausschließlich in der Zuständigkeit der Priesterin liegt, erst das Einverständnis des Königs einholen. Zudem bedrängt er Iphigenie erneut, dem Drängen Thoas' nachzugeben und ihn zu heiraten, um ein Wiederaufleben der Opfertradition doch noch zu verhindern.

4. Aufzug, 3. Auftritt

Während Iphigenie auf Arkas' Rückkehr wartet, nagen die Zweifel an Pylades' Plan an ihr weiter, und die Worte des Boten machen ihr nunmehr auch bewusst, dass ihre Flucht für die Taurer einen Rückfall in die Barbarei bedeuten würde. Wegen der Lüge einerseits und des Gedankens an die Taurer andererseits wird Iphigenie „der Betrug / Verhasst" (V. 1 525 f.).

4. Aufzug, 4. Auftritt

In diesem Moment tritt Pylades wieder auf: Er unterrichtet Iphigenie freudig von der positiven Stimmung Orests, der von den Erinnyen unbelästigt den Hain verlassen konnte, und von den Vorbereitungen zur Durchführung des Fluchtplanes. Als er den Tempel betreten will, um das Götterbild mitzunehmen, warnt Iphigenie ihn vor der bevorstehenden Wiederkehr Arkas', woraufhin Pylades Iphigenie für diesen Fall eine neue Lüge aufträgt: Sie solle so tun, als würde sie die Fremden im Tempel abschirmen, sodass die Griechen Zeit gewinnen, um den Raub des Götterbildes vorzubereiten. Da er ihr Zögern bemerkt, appelliert er eindringlich an sie, seinen zwar unehrlichen, jedoch einzig möglichen Weg mitzugehen. Während Iphigenie ihre Pflichten gegenüber dem väterlichen Freund Thoas anführt, erklärt Pylades, dass das Leben immer wieder ein pragmatisches Vorgehen verlange und Iphigenie der Not gehorchen müsse. Im Vertrauen auf ihre Zuverlässigkeit eilt er schließlich weiter.

4. Aufzug, 5. Auftritt

Erneut alleine gelassen, bemüht Iphigenie sich in wachsender Verzweiflung um eine Analyse ihrer Situation: Falls sie den Fluchtplan nicht mitträgt, würde sie den Tod ihres Bruders und seines Freundes verschulden. Eine Beteiligung an der List jedoch käme einem Verrat am Volk der Taurer und an Thoas gleich und würde die Aufgabe der eigenen persönlichen Integrität bedeuten. Beide Alternativen hätten für sie die Fortsetzung der langen tantalidischen Tradition aus Verwandtenmord und Intrige zur Folge, kurzum: Sie befindet sich in einem schier ausweglosen Dilemma. In dieser Lage rezitiert Iphigenie das berühmte „Lied der Parzen" – bei den Parzen handelt es sich um die drei altrömischen Schicksalsgöttinnen Atropos, Klotho und Lachesis. Iphigenie rekapituliert das Wesen der Götter und ihr Verhältnis zu den Menschen, so wie es ihr die Ammen beigebracht haben, als sie noch ein Kind war: In dem Lied werden diejenigen, die wie Tantalos von den Göttern erhoben worden sind, vor einem plötzlichen Entzug der göttlichen Gunst und dem folgenden tiefen, auch die nächsten Generationen verstrickenden Fall gewarnt.

5. Aufzug, 1. Auftritt

Am Beginn des fünften Aufzugs teilt Arkas König Thoas seinen Verdacht eines Komplotts zwischen der Priesterin und den Fremden mit und berichtet von dem Gerücht, am Strand liege ein fremdes Schiff verborgen. Daraufhin befiehlt Thoas, dem Gerücht nachzugehen und den Hain der Göttin Diana zwar nicht zu betreten, aber zu überwachen. Er beordert Iphigenie zu sich.

5. Aufzug, 2. Auftritt

Thoas, von Iphigenies Verhalten schwer enttäuscht, wirft sich in einem Monolog seine zu nachgiebige und großzügige Behandlung der Priesterin vor, die darüber einen eigenen Willen entwickelt habe und sich nunmehr ein „eigen Schicksal" (V. 1 799) ersinne.

5. Aufzug, 3. Auftritt

Daraufhin treffen Thoas und Iphigenie zusammen. Sie begegnen einander mit Verstellung: Während Iphigenie dem König gegenüber die Verzögerung des Menschenopfers als göttlich gewährte Frist zur Überlegung ausgibt, beruft Thoas sich, sein Misstrauen deutlich zeigend, auf den althergebrachten Brauch. Der folgende heftige Disput zwischen den beiden mündet in eine kühne Streitrede Iphigenies gegen den despotischen Charakter von Thoas' Handeln. Dieser schwankt zwischen Verständnis und Drohen, wird aber angesichts des Engagements Iphigenies für die Fremden immer argwöhnischer. Vehement fordert die Priesterin Thoas auf, ihre Waffe, das Wort, gegenüber dem Schwert nicht gering zu schätzen. Schließlich ringt Iphigenie sich in einem aufgewühlten Monolog zu der von ihr zuvor definierten „unerhörten Tat", nämlich zur Wahrheit ohne Rücksicht auf taktisches Kalkül, durch: Sie erzählt dem König den gesamten Fluchtplan, enthüllt ihm die Identität der beiden Fremden und beschließt ihre Rede mit einem Appell, der alle moralische Verantwortung an den König überträgt: „Verdirb uns – wenn du darfst." (V. 1 936) Ein den Auftritt beschließender Dialog zwischen Thoas und Iphigenie bringt zwar noch keine Lösung, deutet den Sinneswandel Thoas' aber bereits an. Sie fleht ihn um die Erlaubnis an, heimzukehren und ihre Familie zu entsühnen. Noch aber reagiert Thoas unwillig, als sie ihn an sein Versprechen erinnert, sie freizugeben.

5. Aufzug, 4. Auftritt

In das Gespräch der beiden platzt Orest. Er ist bewaffnet, und aus seinen hastigen an die Schwester gerichteten Äußerungen lässt sich schließen, dass die Griechen entdeckt worden sind und im Kampf mit den Taurern stehen. Einen Zweikampf zwischen Thoas und Orest kann Iphigenie unter Verweis auf den heiligen Ort verhindern. Sie informiert ihren Bruder über ihr Geständnis gegenüber Thoas.

5. Aufzug, 5. Auftritt

Arkas und Pylades treten hinzu. Offensichtlich ist eine baldige Gefangennahme der Griechen abzusehen, doch befiehlt Thoas, die Kampfhandlungen sofort einzustellen. Orest bittet ebenso seinen Freund, die griechischen Gefährten zu versammeln. Um die Anweisungen auszuführen, eilen Arkas und Pylades davon.

5. Aufzug, 6. Auftritt

Im letzten Auftritt kommt es zum zweiten Mal beinahe zum Kampf zwischen Thoas und Orest, der den König der Taurer mit dem Schwert Agamemnons von seiner Herkunft überzeugen will. Dies weiß Iphigenie erneut zu unterbinden, und gleichzeitig zerstreut sie die Zweifel des Königs an der Identität Orests, indem sie ihm körperliche Besonderheiten wie ein Muttermal und eine Schramme zeigt und die Ähnlichkeit mit Agamemnon bestätigt. Die Bedenken Thoas' angesichts des geplanten Bildnisraubes zu zerstreuen, gelingt schließlich Orest, der den Spruch Apolls nun richtig versteht und in der ominösen Schwester, von der in der Weissagung die Rede war, seine eigene Schwester Iphigenie erkennt. Er schließt dies daraus, dass er in ihrer Nähe und durch ihre Berührung von der Verfolgung durch die Erinnyen befreit worden ist. Vor diesem Hintergrund bittet das Geschwisterpaar um freie Fahrt nach Griechenland, um das fluchbeladene Tantalidengeschlecht endlich entsühnen zu können. Als Iphigenie sich mit einer zögerlichen Einwilligung Thoas' noch nicht zufriedengibt und als Zeichen immerwährender Freundschaft seinen Segen einfordert, entlässt der König die Griechen am Ende mit einem menschenfreundlichen und versöhnlichen „Lebt wohl!" (V. 2 174).

Textanalyse und Interpretation

1 Literarische Form

Goethes *Iphigenie* ist ein Drama der sogenannten geschlossenen Form, wie sie der Literaturwissenschaftler Volker Klotz in seinem 1960 erschienenen Buch *Geschlossene und offene Form im Drama* festgelegt hat. Die **geschlossene Form** ist typisch für die literarische Klassik. Das Stück macht den stilistischen Wandel offenbar, den der in Weimar in die Pflicht genommene Dichter, vormals Repräsentant des Sturm und Drang und damit der offenen Dramenform, langsam vollzogen hatte.

In seiner Struktur entspricht es im Wesentlichen dem theoretischen Kompositionsmodell, das der Schriftsteller **Gustav Freytag** Mitte des 19. Jahrhunderts anhand von Beispielen aus der klassischen Dramenliteratur entwickelt hat. Das klassische Drama ist definiert durch einen stringenten **fünfstufigen Handlungsaufbau** aus Einleitung, Steigerung, Höhepunkt, Fall bzw. Umkehr und Katastrophe bzw. Lösung. Diesem Anspruch an lineare Handlungsentwicklung entsprechen ganz die Gliederungstechniken, die Goethe anwendet: Die einzelnen Szenen – Goethe nennt sie „Auftritte" – sind kausal miteinander verknüpft und führen die Handlung zielstrebig, also ohne Nebenhandlungen und im Dienste der Spannungssteigerung, voran. Demgegenüber selbstständiger und durch die jeweils genau definierte Figurenkonstellation in sich abgeschlossener sind die fünf vorhandenen Akte (in der *Iphigenie:* „Aufzüge") – aber auch sie sind im Sinne der gesamten, auf die finale Versöhnung hinwirkenden dramatischen Komposition erkennbar miteinander verbunden. In der Realität einer Aufführung freilich muss ein

Regisseur ihrer inneren Abgeschlossenheit durch Pausen Rechnung tragen.

Die Orientierung an den **aristotelischen Einheiten von Ort, Zeit und Handlung**, die das Drama von der offenen Form abgrenzen, wird jedoch nicht nur durch die Linearität im Geschehensablauf offenbar. Auch die Forderung nach der Einheit von Ort und Zeit ist musterhaft beachtet: Der Schauplatz in Goethes Stück ist ausschließlich der „Hain vor Dianens Tempel", wie es gleich zu Beginn des Textes heißt. Andere Orte wie etwa die verborgene Schiffsanlegestelle der Griechen werden durch die für das griechische Drama typische Technik des Botenberichts erwähnt, sind aber kein direkter Handlungsort des Stückes. Doch selbst der unspezifische „Hain" scheint als Schauplatz schon zu viel zu sein: An keiner Stelle wird er näher beschrieben oder durch einen Gegenstand kenntlich gemacht. Möglichst stark soll er in den Hintergrund treten, damit der Fokus des Zuschauers ungeteilt auf dem **eigentlichen Handlungsort** des Schauspiels liegen kann: dem **Inneren der Priesterin** Iphigenie, in dem sich die wichtigsten Prozesse des „Seelendramas" abspielen.

Dieser unbestimmten Einheit des Ortes entspricht eine ebenso unbestimmte Einheit der **Zeit:** Die geschätzte Dauer der einzelnen Handlungsphasen spielt keine Rolle; zeitliche Rahmenangaben fehlen gänzlich. Der gesamte Zeitraum der Handlung wirkt wie ein irreal in die Länge gezogener Tag. Ähnlich wie im Falle des dramatischen Orts liegt auch bei der Zeitgestaltung der Schwerpunkt nicht auf den äußeren Abläufen, sondern auf dem **Innenleben Iphigenies**, auf dem Kontinuum ihrer inneren Entwicklung hin zur „unerhörten Tat", zum rückhaltlosen Bekenntnis zur Wahrheit.

Solche zeitliche wie örtliche Unbestimmtheit verweist auf ein weiteres Vorbild, an dem Goethe sich neben den alten Griechen orientierte: auf die **Tragödie des französischen Klassizismus** des 17. Jahrhunderts, namentlich Jean Racines, des Autors der

Stücke *Iphigenie in Aulis* und *Iphigenie auf Tauris*. Lessing übte an den Dramen des französischen Klassizismus, die die drei klassischen Einheiten seiner Meinung nach nur künstlich und nicht wirklich im Sinne der „Alten" beachteten, heftige Kritik:

> *Anstatt eines einzigen Ortes führten sie [die Franzosen, Anm.]*
> *einen unbestimmten Ort ein, unter dem man sich bald den, bald*
> *jenen einbilden könne; genug, wenn diese Orte zusammen nur*
> *nicht gar zu weit auseinander lägen und keiner eine besondere*
> *Verzierung bedürfe, sondern die nämliche Verzierung ungefähr*
> *dem einen so gut als dem andern zukommen könne. Anstatt der*
> *Einheit des Tages schoben sie die Einheit der Dauer unter; und*
> *eine gewisse Zeit, in der man von keinem Aufgehen und Unter-*
> *gehen der Sonne hörte, in der niemand zu Bette ging, [...] mochte*
> *sich doch sonst noch so viel und mancherlei darin ereignen,*
> *ließen sie für einen Tag gelten.*[7]

Diese Kritik auch gegen Goethes *Iphigenie* vorzubringen, wäre freilich verfehlt: Niemals war es Goethes Ziel gewesen, die griechische Tragödie mit ihrer Fokussierung äußerer Abläufe völlig nachzuahmen.

„**Ein Schauspiel**" nannte er seinen Text stattdessen selbstbewusst zum Zeichen dafür, dass es sich aus seiner Sicht nicht um eine Tragödie im herkömmlichen Sinn handelte. Vielmehr verwies die neue Bezeichnung auf das von den Aufklärern dem autonom denkenden Menschen unterstellte Vermögen, jene Entwicklungen abzuwenden, die ein tragisches Ende zeitigen – so wie Iphigenie es durch ihr mutiges Bekenntnis zur Wahrheit vorexerziert. Vor diesem Hintergrund lässt sich das Schauspiel als ein Theaterstück definieren, das der Tragödie hinsichtlich seines ernst-bedeutsamen Gegenstandes zwar weitgehend entspricht, dessen tragisches Ende die Handelnden aber kraft ihrer aufgeklärten und humanen Vernunft selbst zu verhindern imstande sind. Von dem Schauspiel als einer „verhinderten Tragödie" ist in diesem Zusammenhang die Rede.

Ein weiteres wichtiges Kennzeichen des geschlossenen Dramas besteht schließlich in der besonderen Auswahl des dramatischen Personals und in der Gestaltung seiner Sprache. Inwiefern dies auf Goethes *Iphigenie* zutrifft, wird weiter unten genauer dargestellt (vgl. *Interpretationshilfe*, S. 40 ff., 77 ff.).

2 Aufbau und Textstruktur

Dem **ersten Aufzug** der *Iphigenie* kommt eine **Expositionsfunktion** zu: Durch den Eingangsmonolog Iphigenies (I, 1) wird der Zuschauer in die Grundlagen des sich anbahnenden dramatischen Konflikts eingeführt. Er lernt Iphigenies Situation und ihr Hin-und-Her-Gerissensein zwischen Heimweh und der Verpflichtung gegenüber Thoas kennen. Dieser **Grundkonflikt** entfaltet sich in den folgenden beiden Auftritten durch den Heiratsantrag Thoas', Iphigenies Ablehnung unter Offenbarung ihrer bis dahin geheim gehaltenen Herkunft, von der auf diese Weise gleichzeitig auch der Zuschauer unterrichtet wird, und die auf die Zurückweisung folgende Wiedereinführung des Menschenopfers. Im Gebet Iphigenies an Diana, das den ersten Aufzug abschließt, setzt die äußere Spannungssteigerung für einen kurzen Moment aus, um im **zweiten Aufzug** sofort wieder aufgenommen zu werden.

Hier wird der eröffnete Spannungsbogen durch einen zweiten Handlungsstrang verdichtet, dessen Zusammenhang mit Iphigenies Dilemma sich zunächst noch nicht erschließt: Es ist die Geschichte des verzweifelten **Orest**, der gemeinsam mit seinem Freund Pylades im ersten Auftritt vorgestellt wird. Beiden droht der Tod. Zusammen mit der Geschichte Trojas und dem Schicksal Agamemnons, von dem Iphigenie im zweiten Auftritt erfährt und das ihre Hoffnung auf eine Rückkehr nach Griechenland zunichte zu machen scheint, erhöht die drohende Opferung die Dramatik der Situation gewaltig.

Diese Lage spitzt der **dritte Aufzug** weiter zu: Mit dem Wiedererkennen der Geschwister verbinden sich ihre Geschichten in der denkbar tragischsten Weise, denn es droht nichts Geringeres als die Hinrichtung des Bruders durch die Schwester und damit die Fortsetzung der tantalidischen Gräuel. Orests Reaktion – die Ohnmacht (III, 1) und seine Vision (III, 2) – bedeuten einen Höhepunkt an Tragik, der nicht mehr steigerbar ist. Nun muss neue Handlungsdynamik in die Situation kommen, was der dritte Auftritt vorbereitet: Mit der Heilung Orests werden die Griechen in die Lage versetzt, einen Plan zur Lösung ihrer Probleme zu ersinnen. Zusätzlich erhöht sich durch die Genesung des Bruders für Iphigenie der Druck, bei der Suche nach einem Ausweg mitzuwirken.

Iphigenie (Sigrun Fischer) und Pylades (Kai Börner, re.) werden Zeugen von Orests (Jan Hasenfuß) Heilung; Aufführung des Staatstheaters Cottbus 2009.

Damit ist die Kumulation von Problemen und drohenden Gefahren vorerst beendet; eine neue Qualität von Spannung ergibt sich durch die Frage, ob der Fluchtplan für die Bedrohten zu einem glücklichen Ausgang aus ihren Dilemmata führt. Diese

Frage wird im Verlauf des **vierten Aufzugs** in einem retardie-
renden Wechselspiel zwischen Iphigenies eigener Reflexion
(IV, 1, 3 und 5) und ihrem Zusammentreffen mit Arkas und Pylades (IV, 2 und 4) spektakulär beantwortet: Nicht der Plan Pylades' ist es, für den sich die zweifelnde Iphigenie entscheidet.
Vielmehr deutet sich an, dass Iphigenie den alten Familienfluch
durchbrechen und sich der betrügerischen List verweigern
könnte – die „Umkehr" im Sinne des freytagschen Modells ist
damit eingeleitet.

Der **fünfte Aufzug** bringt den abschließenden Konflikt
zwischen Griechen und Skythen und die Lösung: Die äußere
Handlungsgewalt liegt nun wieder auf Seiten Thoas' und der
Skythen (V, 1 und 2), was Iphigenies Offenbarung gegenüber
Thoas (V, 3) mit zusätzlicher Spannung anreichert. Diese Dramatik wird über mehrere Auftritte hinweg (4., 5. und Beginn des
6. Auftritts), in denen sich ein bewaffneter Konflikt als Lösung
anzubahnen scheint, retardierend gehalten. Erst der letzte Auftritt, der die Waffengewalt durch das Gespräch und die Versöhnung von Griechen und Skythen ersetzt, zeigt eine zufrieden-
stellende Lösung auf und führt zum glücklichen Ausgang.

Das Kunstvolle an diesem Aufbau ist die **Verflechtung** von
spannungssteigernden Elementen der **äußeren Handlung**, an
denen wechselweise alle vier männlichen Handlungsträger be-
teiligt sind, mit solchen der **inneren Handlung**, die zum größten Teil Iphigenie vorbehalten sind. Dabei wird die innere Handlung durch die äußere bedingt und mündet ihrerseits wiederum
in einen Akt der äußeren Handlung, nämlich in das Geständnis
Iphigenies gegenüber Thoas. Die innere Handlung macht auch
den weitaus gewichtigeren Teil in Goethes Schauspiel aus, was
das Stück klar von den auf äußere Aktion fixierten antiken Dramen entfernt und den wichtigsten Unterschied zu Euripides'
Iphigenie bei den Taurern darstellt. Im Zentrum der goetheschen
Iphigenie stehen die **psychologische Figurenzeichnung** und

das „**Seelendrama**" Iphigenies; trotz des antiken Gewandes ist der Text damit ein modernes Charakterstück.

Bei dieser Betrachtung der dramatischen Komposition sind Spannungsbogen und Handlungsverlauf die entscheidenden Parameter. Untersucht man dagegen die **Konfrontation der Charaktere**, so ergibt sich eine symmetrische Dramenkonstruktion, die mit kleineren Einschränkungen jeweils die Aufzüge II und IV sowie die Aufzüge III und V in Parallelität setzt: Die Aufzüge II und IV stellen die Täuschung durch Pylades in den Mittelpunkt – im zweiten Aufzug ist es Iphigenie, die von ihm getäuscht wird, im vierten sind es Thoas und sein Volk. Dem stehen die Aufzüge III und V gegenüber: Hier dominiert die Wahrheit, die einmal durch das wechselseitige Wiedererkennen der Geschwister und im letzten Akt durch Iphigenies Geständnis gegenüber Thoas zu ihrem Recht kommt.

Eine weitere Besonderheit des Aufbaus, auf die in der germanistischen Literatur mitunter verwiesen wird, ist die Verknüpfung von Elementen des analytischen Dramas (**Enthüllungsdramas**) mit Elementen des sogenannten Ziel- oder **Entfaltungsdramas**, wie Goethe sie in seinem Stück vorgenommen hat: Im Gegensatz zum Zieldrama haben beim analytischen Drama entscheidende handlungsrelevante Ereignisse bereits vor der eigentlichen Dramenhandlung stattgefunden und enthüllen sich den Figuren nur stückweise – in der *Iphigenie* sind das beispielsweise der Fluch, der auf dem Geschlecht der Tantaliden lastet, die Vergangenheit Iphigenies und ihre Verbringung nach Tauris, die Geschichte von der Eroberung Trojas mit dem Schicksal Agamemnons und Klytämnestras sowie der Orakelspruch Apolls. Elemente des Zieldramas in Goethes Schauspiel, die unabhängig von der Vorgeschichte auf die Lösung hinführen, sind das trickreiche Handeln Pylades', das noch von der Hypothek der Vorgeschichte bestimmt ist, und Iphigenies „unerhörte Tat", die die Überwindung dieser Hypothek schafft.

Pyramidaler Aufbau des Dramas nach Gustav Freytag

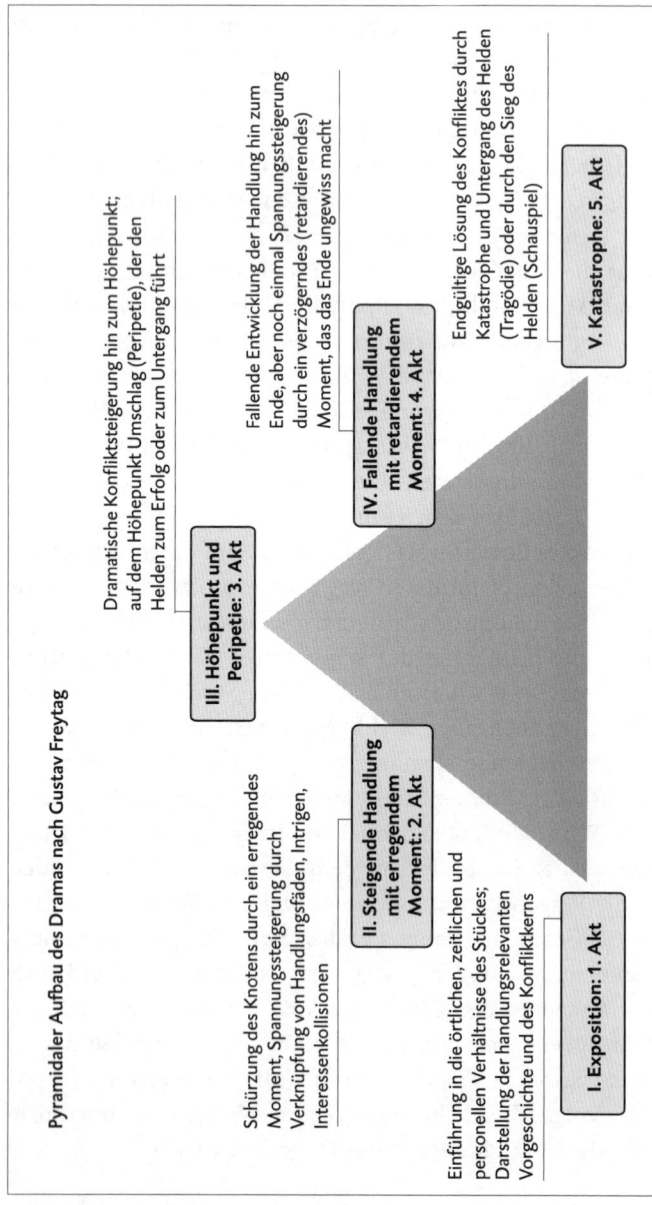

Dramatische Konfliktsteigerung hin zum Höhepunkt; auf dem Höhepunkt Umschlag (Peripetie), der den Helden zum Erfolg oder zum Untergang führt

III. Höhepunkt und Peripetie: 3. Akt

Fallende Entwicklung der Handlung hin zum Ende, aber noch einmal Spannungssteigerung durch ein verzögerndes (retardierendes) Moment, das das Ende ungewiss macht

IV. Fallende Handlung mit retardierendem Moment: 4. Akt

Endgültige Lösung des Konfliktes durch Katastrophe und Untergang des Helden (Tragödie) oder durch den Sieg des Helden (Schauspiel)

V. Katastrophe: 5. Akt

Schürzung des Knotens durch ein erregendes Moment, Spannungssteigerung durch Verknüpfung von Handlungsfäden, Intrigen, Interessenkollisionen

II. Steigende Handlung mit erregendem Moment: 2. Akt

Einführung in die örtlichen, zeitlichen und personellen Verhältnisse des Stückes; Darstellung der handlungsrelevanten Vorgeschichte und des Konfliktkerns

I. Exposition: 1. Akt

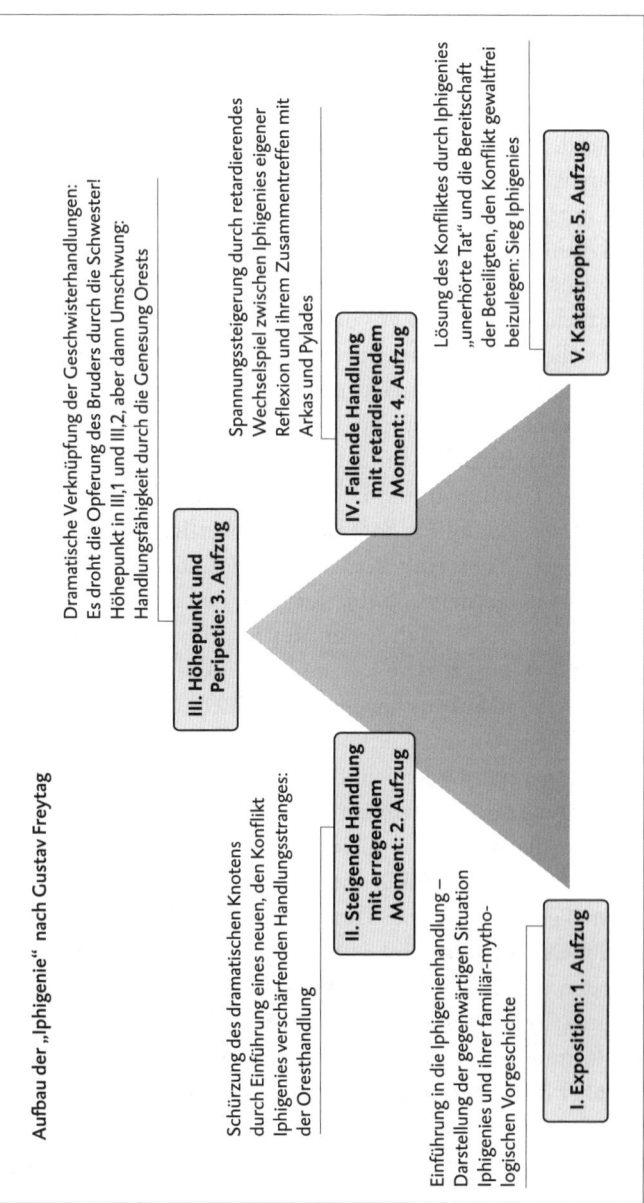

Aufbau der „Iphigenie" nach Gustav Freytag

Einführung in die Iphigenienhandlung – Darstellung der gegenwärtigen Situation Iphigenies und ihrer familiär-mythologischen Vorgeschichte

I. Exposition: 1. Aufzug

Schürzung des dramatischen Knotens durch Einführung eines neuen, den Konflikt Iphigenies verschärfenden Handlungsstranges: der Oresthandlung

II. Steigende Handlung mit erregendem Moment: 2. Aufzug

Dramatische Verknüpfung der Geschwisterhandlungen: Es droht die Opferung des Bruders durch die Schwester! Höhepunkt in III,1 und III,2, aber dann Umschwung; Handlungsfähigkeit durch die Genesung Orests

III. Höhepunkt und Peripetie: 3. Aufzug

Spannungssteigerung durch retardierendes Wechselspiel zwischen Iphigenies eigener Reflexion und ihrem Zusammentreffen mit Arkas und Pylades

IV. Fallende Handlung mit retardierendem Moment: 4. Aufzug

Lösung des Konfliktes durch Iphigenies „unerhörte Tat" und die Bereitschaft der Beteiligten, den Konflikt gewaltfrei beizulegen: Sieg Iphigenies

V. Katastrophe: 5. Aufzug

3　Figuren

Die Auswahl des dramatischen Personals von Goethes *Iphigenie* ist erneut der antiken Tragödie und der Bauform des geschlossenen Dramas verpflichtet. So fällt bei der Figurengestaltung nicht nur die **geringe Anzahl der Handelnden** ins Auge – es sind lediglich fünf Personen, die das Geschehen bestimmen –, sondern auch ihr **hoher Stand**. Allesamt sind dem Adel zuzuordnen und agieren auch so, wie man es von Aristokraten erwartet: würdevoll, im vollen Bewusstsein ihrer hohen Geburt, gefasst und diszipliniert nach außen, das eigene Fühlen und Handeln auf einem hohen intellektuellen Niveau reflektierend. Der theatralische Gestus und der intensive mimetische Ausdruck, wie man ihn in den Dramen des Sturm und Drang häufig antrifft, sind solchen Figuren fremd; vielmehr kommt der **Innerlichkeit** und dem **analytischen Wort** eine Vorrangstellung zu. Lediglich Orest stellt hierbei in mehreren Textpassagen eine Ausnahme dar.

Hinsichtlich der **Beziehungen der Figuren untereinander** ergibt sich eine relativ klare Konstellation: Alle vier männlichen Handlungsträger sind aus jeweils unterschiedlichen Motiven auf Iphigenie hin orientiert. Beide Männerpaare, das griechische wie das thrakische, weisen in sich dieselbe Struktur auf: Auf beiden Seiten steht eine noch unvollkommen humanisierte Figur königlichen Geschlechts, der Iphigenie zum Entwicklungssprung verhilft – Orest wird durch die Nähe der Schwester von den Erinnyen befreit, während Thoas nach dem Bekenntnis Iphigenies auf Gewalt verzichtet. Dieser Figur ist jeweils ein pragmatischer, den unmittelbaren Bedürfnissen verpflichteter Begleiter zugeordnet: Pylades und Arkas, wobei Pylades deutlich intensiver als der Beamte des Taurerkönigs in Erscheinung tritt. Nicht Thoas, der Inhaber der größten Macht vor Ort, sondern Pylades als der Vertreter von List und Lüge und Orest mit seinem Glauben an eine mythische Vorherbestimmtheit sind die eigentlichen „Gegner" Iphigenies. Dem entspricht auch die Aufhebung des Gegensatzes zwischen gebildeten Griechen und ungebildeten Barbaren, wie er in Euripides' *Iphigenie bei den Taurern* besteht. Bei Goethe tritt mit fortschreitender dramatischer Handlung ein **universales, aufgeklärtes Menschenbild** an seine Stelle, das derlei Unterscheidungen nicht mehr zulässt und sich im Handeln und Fühlen Iphigenies widerspiegelt.

Iphigenie

Bereits der erste Auftritt macht aller äußerlichen Gefasstheit zum Trotz deutlich, wie es innerlich um Iphigenie steht: Nach wie vor fühlt sie sich auf Tauris wie in der Fremde. Sie hat große **Sehnsucht nach ihrer griechischen Heimat** und nach ihrer Familie, über deren Schicksal sie nichts weiß. Den Dienst als **Priesterin der Göttin Diana** versieht sie nur mit Widerwillen. Sie fühlt sich schwach und hilflos, auch deshalb, weil sie als Frau nicht

Iphigenie (Elisabeth Trissenaar) gerät in Konflikt mit ihrer Rolle als Priesterin; Aufführung des Schiller-Theaters Berlin (1981)

dazu in der Lage ist, ihr Schicksal aktiv in die Hand zu nehmen und zu beeinflussen, wie es den Männern vorbehalten ist. Bei alledem plagen sie noch Gewissensbisse, da sie sich Diana gegenüber zur Dankbarkeit verpflichtet fühlt, nachdem die Göttin sie vor der Opferung durch Agamemnon gerettet und körperlich unversehrt nach Tauris gebracht hat. Ähnlich verhält es sich mit ihren **Gefühlen gegenüber Thoas**, der sie zwar auf Tauris festhält und sie als seine Frau gewinnen möchte, sie nach ihrer rätselhaften Ankunft aber auch entgegen den Gepflogenheiten seines Volkes freundschaftlich aufgenommen hat. Ausdrücklich bezeichnet Iphigenie den König als einen „edle[n] Mann" (V. 33) und sie verehrt ihn wie einen zweiten Vater (vgl. V. 2 156). Dennoch aber dominiert ihr Wunsch, sich aus dem religiösen Machtbereich der Göttin und dem politischen Machtfeld des Königs zu befreien.

Dabei spielt die **Bindung an den Vater Agamemnon** eine entscheidende Rolle. Aus Iphigenies Sicht ist er „göttergleich" (V. 45), ein „Muster des vollkommnen Manns" (V. 403). Dass Agamemnon es war, der die eigene Tochter aufgrund der Prophezeiung Kalchas' der Jagdgöttin opfern wollte, um Wind für die Weiterfahrt nach Troja zu gewinnen, empört sie nicht. Im Gegenteil: Die Schuld für die Opferung scheint sie in letzter Konsequenz vielmehr bei der Göttin selbst zu sehen, die sie zwar vom Altar weg gerettet, die aber zuvor Agamemnon überhaupt erst in die Situation gebracht hat, das eigene Kind töten zu müssen. Angedeutet wird diese Interpretation der dramatischen Vorgeschichte am Ende des ersten Auftritts, als Iphigenie sich mit den Worten an Diana wendet:

Ja, Tochter Zeus', wenn du den hohen Mann,
Den du, die Tochter fordernd, ängstigtest;
Wenn du den göttergleichen Agamemnon,
Der dir sein Liebstes zum Altare brachte,
Von Trojas umgewandten Mauern rühmlich
Nach seinem Vaterland zurückbegleitet,
Die Gattin ihm, Elektren und den Sohn,
Die schönen Schätze, wohl erhalten hast;
So gib auch mich den Meinen endlich wieder,
Und rette mich, die du vom Tod errettet,
Auch von dem Leben hier, dem zweiten Tode.
(V. 43 – 53)

Diese Bitte macht darüber hinaus deutlich, wie kritisch Iphigenie die Errettung durch Diana, das Geschenk eines **zweiten Lebens auf Tauris**, eigentlich sieht: Ein „**zweiter Tod**" ist dieses unfreie Leben für sie. Aus dieser Perspektive verliert mit einem Mal auch die gastfreundliche Aufnahme durch Thoas an Wert. Und es relativiert sich die Schuld des verherrlichten Vaters, zumal Iphigenie, also das Opfer selbst, den physischen Tod, den die von Agamemnon veranlasste Opferung bedeutet hätte, auf eine Ebene mit der Rettung nach Tauris stellt.

Die Vaterbindung Iphigenies muss zum Konflikt mit dem werbenden Thoas führen. Eine Heirat mit ihm hätte unweigerlich die Lösung von Vater und Heimat zur Folge, was Iphigenie auf keinen Fall will. Im Ringen um Werbung und Ablehnung versteckt sie sich aber nicht hinter ihrem Amt als Diana-Priesterin, die der Ehelosigkeit verpflichtet ist, sondern beruft sich auf ihre **Herkunft aus dem Geschlecht der Tantaliden**, die sie dem König im dritten Auftritt enthüllt. Iphigenie macht nicht mehr von der günstigen Möglichkeit Gebrauch, sich einfach als Priesterin aus der königlichen Offerte herauszureden, so wie es für die Zeit vor der dramatischen Handlung angedeutet wird. Stattdessen übernimmt sie **individuelle Verantwortung** für ihr Sagen und Tun und entscheidet sich für die offen ausgesprochene Wahrheit. Diese Haltung, dieser Schritt hin zur individuellen Selbstfindung, bereitet das mutige Geständnis am Ende des Schauspiels bereits vor. In der erneuten Auseinandersetzung um die Rechtmäßigkeit der Wiedereinführung des Menschenopfers, die Thoas nach der Abweisung seines Antrags gebietet, lässt es Iphigenie aus einer grundsätzlichen **Menschlichkeit** heraus nicht zu, dass Thoas sich bei seinem Rückschritt in die Barbarei auf das Gesetz beruft. Sie begründet dies folgendermaßen:

> *Wir fassen ein Gesetz begierig an,*
> *Das unsrer Leidenschaft zur Waffe dient.*
> *Ein andres spricht zu mir, ein älteres,*

Mich dir zu widersetzen, das Gebot,
Dem jeder Fremde heilig ist.
(V. 1832–1836)

Damit sind die wichtigsten Ingredienzien der **Humanität**, für die Iphigenie steht, benannt: Es sind dies Wahrheit und Menschlichkeit, die sich nach der Auffassung Iphigenies jedem Menschen erschließen, der sich der Stimme seines Herzens anvertraut, so wie sie selbst es macht und am Ende auch von Thoas erwartet.

Erwartungen an Iphigenie

Thoas
- Heirat
- Geburt eines Nachfolgers
- später: Vollzug des Opfers

Pylades
- Lüge gegenüber Thoas und Arkas
- Beihilfe zum Diebstahl
- gemeinsame Flucht

Orest
- Bestätigung des eigenen negativen Götterbildes
- später: gemeinsame Flucht

Arkas
- Erwiderung der Avancen Thoas'
- später: Vollzug des Opfers

Iphigenie

Die zitierte Textpassage markiert innerhalb des Geschehens bereits einen fortgeschrittenen Entwicklungsstand Iphigenies. Sie steht unmittelbar vor der „unerhörten Tat", die das Geständnis der geplanten List gegenüber Thoas trotz aller damit verbundener Risiken darstellt. Der Strategie Pylades', das Götterbildnis der Diana aus dem Tempel zu entwenden und die Skythen durch eine Lüge hinzuhalten, um die gemeinsame Flucht nach Griechenland antreten zu können, setzt Iphigenie ihre **eigene Strategie** entgegen, die sich eigentlich dadurch auszeichnet, überhaupt keine Strategie zu sein. Sie entscheidet sich dafür, Thoas gegenüber völlig ehrlich zu sein und von strategisch-taktischen Überlegungen und Winkelzügen abzusehen. Bewusst stellt sie das rückhaltlos **wahre Wort** der List, dem Betrug und der Gewalt gegenüber, die das Handeln ihrer Vorfahren über Jahrhunderte hinweg ausgezeichnet haben.

Iphigenies Absage ist umfassend: Es ist ebenso eine Absage an Pylades' Trickserei wie gegenüber den unbilligen Besitzansprüchen Thoas'. Es ist ein **Nein zur Gewalt** als Mittel der Problemlösung und ein unerschrockenes Plädoyer für das offene Wort. Iphigenie stellt sich ganz bewusst auch gegen den von Orest verfochtenen Glauben, alle Nachkommen des Tantalos seien auf ewig dazu verdammt, sich mit verwandtschaftlichem Blut zu beflecken. Und sie erteilt schließlich einem unaufgeklärt-ängstlichen Götterbild ihre Absage, um diesem die eigene aufgeklärte Humanität und das **Bild vom eigenverantwortlich handelnden Menschen** entgegenzusetzen, der sehr wohl in der Lage ist, sein Schicksal selbstbestimmt und nach ethischen Maßstäben in die Hand zu nehmen. Gegenüber den Göttern nimmt dieser **autonome Mensch** keine gegensätzliche, von Angst geprägte Rolle mehr ein, sondern die eines Partners, der sich mit den Göttern in Übereinstimmung befindet und dadurch eine gewisse Stellvertreterschaft innehat. Das Risiko, das Iphigenie mit ihrem Geständnis angesichts eines umfassenden Bruchs mit dem überkommenen Glauben eingeht, und der Mut, den es dazu braucht, sind enorm.

Der Weg zu dieser **Emanzipation** ist freilich kein einfacher. Er macht den Kern der Handlung, das eigentliche Seelendrama aus und entfaltet sich vor allem in der Auseinandersetzung mit dem Lösungsvorschlag von Pylades. Aus der Sicht Iphigenies kommt seinem Plan eine besondere Verführungskraft zu. Das liegt zum einen an der Person des aktionistischen und selbstbewussten Pylades selbst, den Iphigenie zunächst, als der Fluchtplan geschmiedet und alles abgesprochen ist, mit regelrecht hymnischen Worten als von den Göttern gesandten Heilsbringer apostrophiert:

> *Denken die Himmlischen*
> *Einem der Erdgebornen*
> *Viele Verwirrungen zu,*
> *Und bereiten sie ihm*
> *Von der Freude zu Schmerzen*
> *Und von Schmerzen zur Freude*
> *Tief-erschütternden Übergang;*
> *Dann erziehen sie ihm*
> *In der Nähe der Stadt,*
> *Oder am fernen Gestade,*
> *Dass in Stunden der Not*
> *Auch die Hülfe bereit sei,*
> *Einen ruhigen Freund.*
> *O segnet, Götter, unsern Pylades*
> *Und was er immer unternehmen mag!*
> (V. 1 369–1 383)

Und es liegt zum anderen an der Möglichkeit einer Rückkehr nach Griechenland, die sich Iphigenie so sehr wünscht, an der damit verbundenen Aussicht, den Avancen Thoas' ein für alle Mal zu entgehen, sowie der Gelegenheit, sich des verhassten Priesteramtes zu entledigen – und das alles bei minimalem Aufwand.

Pylades stellt die Ver-
führungskraft dieser
Option noch zusätzlich
heraus, indem er immer
wieder auf den Opfer-
zwang verweist, der Orest
den Tod durch die Hand
der eigenen Schwester zu
bringen droht. Doch
Iphigenie werden die
Schattenseiten des Planes
bald bewusst: Ihm zu fol-
gen, hieße nicht nur, die
eigene Selbstständigkeit
aufzugeben und zum

Der Pragmatiker Pylades (Urs Jucker) bemüht
sich, Iphigenie (Judith Engel) zu überzeugen;
Aufführung der Schaubühne Berlin (2009)

Sprachrohr des Freundes zu werden, sondern auch, persönliche
Wohltäter gezielt zu täuschen und zu belügen. Zwar würde der
Kelch, den eigenen Bruder opfern zu müssen, an ihr vorüber-
gehen. Stattdessen aber müsste sie die Tradition ihrer Vorfahren
auf eine andere Art und Weise fortsetzen – nämlich durch die
neuerliche Anwendung des im Hause Tantalos' so häufig ge-
brauchten Mittels der betrügerischen List. Noch im zweiten
Auftritt des vierten Aufzugs, der mit der Idealisierung Pylades'
einsetzt, kommen Iphigenie daher **Bedenken**. Diese bewegen
sich im Ganzen eher auf einer pragmatischen Ebene und lassen
in erster Linie die Angst vor einem Misslingen des Planes erahnen. Sie reflektieren gleichzeitig jedoch bereits die befreiende
Kraft der Wahrheit:

[…] Weh!
O weh der Lüge! Sie befreit nicht,
Wie jedes andre wahrgesprochne Wort,
Die Brust; sie macht uns nicht getrost, sie ängstet
Den der sie heimlich schmiedet, und sie kehrt,

> *Ein losgedruckter Pfeil von einem Gotte*
> *Gewendet und versagend, sich zurück*
> *Und trifft den Schützen. Sorg auf Sorge schwankt*
> *Mir durch die Brust. Es greift die Furie*
> *Vielleicht den Bruder auf dem Boden wieder*
> *Des ungeweihten Ufers grimmig an?*
> *Entdeckt man sie vielleicht? [...]*
> (V. 1 404–1 415)

Moralischer werden Iphigenies Zweifel infolge der Begegnung mit Arkas. Noch spielt sie ihm gegenüber ihre Rolle so, wie Pylades es ihr aufgetragen hat. Bald darauf ist sie dazu nicht mehr bereit: Im Streitgespräch mit Thoas entwickelt Iphigenie in höchster Erregung eine persönliche, dezidiert **gewaltfrei-weibliche Definition einer „unerhörten Tat"**, eröffnet dem König den Betrugsplan und legt ihr und der Freunde Schicksal in seine Hände.

Damit ist ein Punkt erreicht, der zweierlei für die innere Entwicklung Iphigenies bedeutet: Einmal beinhaltet er die nunmehr selbstbewusste und umfassende Zurückweisung des Betrugsplans wie überhaupt aller gewaltträchtigen Problemlösungsstrategien der Männerwelt. Und zum zweiten meint er die vollständige Emanzipation von alten Deutungsmustern und Rollenverpflichtungen. Iphigenie stellt diesen Mustern ihre **Selbstbehauptung** nach den Maßgaben der Humanität und den so zentralen **Autonomiegedanken der Aufklärung** entgegen, der konstitutiv ist für die literarische Epoche der Klassik goethescher Prägung.

Letztendlich ist Iphigenie also tatsächlich die „**schöne Seele**" (V. 1 493), als die Arkas sie bezeichnet und die in der Programmatik der Weimarer Klassik als erklärtes Entwicklungs- und Erziehungsideal galt: Als „schöner Seele" gelingt es ihr in ihrem Handeln, ihre **Pflicht** gegenüber den Prinzipien der Humanität, von denen eines die Wahrheit ist, und ihre persönliche **Neigung** – die Rückkehr in die Heimat – **in Einklang** zu bringen und zu innerer Ruhe zurückzukehren. Ihr positives Wirken manifestiert sich am Ende des Schauspiels in mehrfacher Hinsicht – nämlich dadurch, dass Orest durch seine Schwester Heilung erfährt, des Weiteren in Gestalt der Humanisierung Thoas', die in seinem Abschiedsgruß zum Ausdruck kommt („Lebt wohl!", V. 2 174), und durch den Umstand, dass die Griechen am Ende auch ohne List und Betrug ihr Ziel erreichen und nach Hause zurückkehren dürfen.

Iphigenies Weg zur „unerhörten Tat"

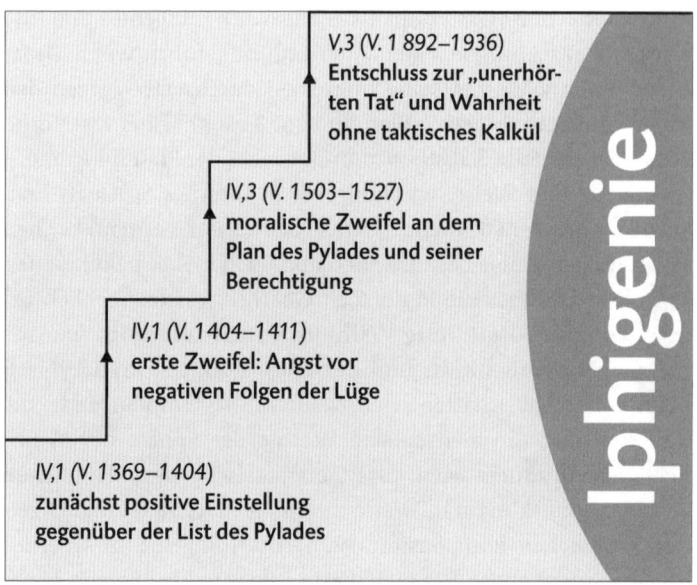

V,3 (V. 1 892–1936)
Entschluss zur „unerhörten Tat" und Wahrheit ohne taktisches Kalkül

IV,3 (V. 1 503–1 527)
moralische Zweifel an dem Plan des Pylades und seiner Berechtigung

IV,1 (V. 1 404–1 411)
erste Zweifel: Angst vor negativen Folgen der Lüge

IV,1 (V. 1 369–1 404)
zunächst positive Einstellung gegenüber der List des Pylades

Kritische Stimmen mögen gerade in Bezug auf den letzten Punkt einwenden, dass Iphigenies Weste nicht ganz so weiß sei, wie es scheint. Schließlich ist sie es, die ihre Bedürfnisse befriedigt und die Taurer zurücklässt, was sie sogar selbst als verwerflich bezeichnet (vgl. V. 1 522–1 526), während Thoas seine Interessen zurückstellt und sowohl auf Iphigenie als Braut als auch auf die Menschenopfer verzichtet. Theodor W. Adorno stellte dazu fest:

„Das Meisterwerk knirscht in den Scharnieren: damit verklagt es den Begriff des Meisterwerks."[8] Aber nicht nur, dass Iphigenies Dasein bei Thoas auf Tauris von Beginn an jeder Freiwilligkeit entbehrt hat, dem Einwand ist darüber hinaus unter Verweis auf die textlogische Funktion des Schlusses zu begegnen. Iphigenie hat ihre Entwicklung hin zur vollkommenen Humanität aus sich heraus geschafft, nicht wie Thoas durch einen Anstoß von außen. Wie sonst ließe sich die **Vorbildhaftigkeit ihres Handelns** und Seins deutlich machen als durch ein Happy Ending für die Griechen? Das Humanisierungswerk Iphigenies und ihre eigene Entwicklung würden ad absurdum geführt, wenn Thoas es am Ende wäre, der seine Interessen durchsetzt – gegen den freien und autonomen Willen und auf Kosten seiner Priesterin, gegen das sexuelle Selbstbestimmungsrecht der Frau Iphigenie.

Die Art und Weise, wie Iphigenie in Goethes Stück als Frau auftritt oder gerade nicht auftritt, hat in der germanistischen Wissenschaft einige Diskussionen und noch mehr Spekulationen ausgelöst. Das Frauenbild der Zeit Goethes war maßgeblich geprägt von der **Vorstellung Wilhelm von Humboldts**, wonach die zeugend-tätige Kraft und der feurige Aktionismus typisch männliche Eigenschaften seien, während das Empfangende, die Innigkeit und die menschliche Wärme der Sphäre des Weiblichen zuzuordnen seien. Das Zerstörerische des Männlichen werde auf diese Art und Weise durch die stete Empfänglichkeit des Weiblichen kompensiert. Nun tritt Iphigenie in Goethes Stück aus dem engen Rahmen dieses Bildes radikal heraus. Nicht nur, dass sie gegen die herkömmlich-männliche Definition des Heldentums rebelliert: Sie weigert sich überdies, die Rolle der Empfangenden einzunehmen. Weder möchte sie von Thoas den Thronfolger empfangen noch gibt sie gegenüber Pylades die Befehlsempfängerin. Und was die als weiblich empfundene Unterordnung unter eine männlicherseits beanspruchte Deutungshoheit anbelangt, so widersetzt sie sich diesem Muster nicht minder erfolgreich und fordert ganz im Gegenteil ihre männliche Umgebung dazu auf, ihrem mutigen Bekenntnis zu Wahrheit und Humanität zu folgen. Die Rollen der übermäßig fürsorglichen Schwester oder einer sexuelle Signale aussendenden Frau würden von dieser revolutionären Emanzipation nur ablenken oder sie konterkarieren – Grund genug für die kaum oder eben überhaupt nicht feststellbare Ausbildung, die sie bei Goethe erfahren.

Orest

Orest steht im Mittelpunkt des zweiten und dritten Aufzugs der *Iphigenie* und bringt, ganz nach Art des analytischen Dramas, mit der Geschichte vom Mord an Klytämnestra einen Handlungsstrang mit, der sich lange vor dem eigentlichen Dramengeschehen entwickelt hat. In Bedeutung und Umfang steht diese Oresthandlung nahezu gleichberechtigt neben Iphigenies Opfer- und Exilhandlung. Beide Handlungsstränge sind auf das Engste miteinander verbunden. Sie gehen beide auf den Fluch zurück, der auf dem Hause der Tantaliden lastet, und bedürfen einer gemeinsamen, übergreifenden Lösung. Die **Verbindung der brüderlichen mit der schwesterlichen Handlung** wird durch das Kultbild der Diana symbolisiert, das im Falle Orests nur scheinbar Erlösung bringt, wie sich am Ende herausstellt.

Dem Charakter des Seelendramas entspricht es, dass Goethe auch die Figur Orests im Sinne einer umfassenden **Psychologisierung** gestaltet hat. Äußere Effekte wie das Auftauchen der Erinnyen bei Euripides wurden zurückgenommen. Bei Goethe sind die Rachegöttinnen lediglich Symbol für innerpsychische Phänomene wie **schlechtes Gewissen**, was die Personifikationen von „Zweifel" und „Reue" (V. 1 061) andeuten, die die Erinnyen als „Gefährten" (V. 1 060) begleiten. Diese Neuerung gegenüber Euripides war durchaus nicht unumstritten im Kreise derer, die den Entstehungsprozess der *Iphigenie* begleiteten.

Orestes wird von Furien gehetzt (Gemälde von William-Adolphe Bouguereau, 1862)

Friedrich Schiller schrieb im Januar 1802 an seinen Freund Goethe:

> *Orest selbst ist das Bedenklichste im Ganzen; ohne Furien kein Orest, und jetzt, da die Ursache seines Zustands nicht in die Sinne fällt, da sie bloß im Gemüt ist, so ist sein Zustand eine zu lange und zu einförmige Qual, ohne Gegenstand; hier ist eine von den Grenzen des alten und neuen Trauerspiels. Möchte Ihnen etwas einfallen, diesem Mangel zu begegnen, was mir freilich bei der jetzigen Ökonomie des Stücks kaum möglich scheint; denn was ohne Götter und Geister daraus zu machen war, das ist schon geschehen. Auf jeden Fall aber empfehl ich Ihnen die Orestischen Szenen zu verkürzen.*[9]

Doch trotz der Verlegung des dramatischen Geschehens in das Innere der Protagonisten wirkt Orest im Vergleich mit Iphigenie weit weniger gefasst und beherrscht. Er ist sich sicher, das Leben zu verlieren, und neigt in dieser Situation zu einer gewissen

lethargischen Theatralik und zur **Selbstabwertung**. Dabei wird deutlich, dass er sein Schicksal in einer besonderen, einer fatalistischen Zwangsläufigkeit sieht, der er als Sprössling des Hauses Tantalos' ausgesetzt ist, und vor dem Hintergrund eines durch und durch **negativen Götterbildes**. So behauptet er von den Göttern:

> *Mich haben sie zum Schlächter auserkoren,*
> *Zum Mörder meiner doch verehrten Mutter,*
> *Und eine Schandtat schändlich rächend, mich*
> *Durch ihren Wink zugrund gerichtet. Glaube,*
> *Sie haben es auf Tantals Haus gerichtet,*
> *Und ich, der Letzte, soll nicht schuldlos, soll*
> *Nicht ehrenvoll vergehn.*
> (V. 707–713)

Ähnlich nimmt er seinen eigenen Schutzgott Apoll wahr, der ihm „Das Herz zusammendrückt, den Sinn betäubt, / Dem schönen Licht der Sonne zu entsagen" (V. 572 f.). Dieser **Glaube an die mythisch bedingte Vorherbestimmtheit** und an die göttlich gewollte Unbeeinflussbarkeit des eigenen Schicksals ermöglicht es Orest, weder für den Mord an der Mutter noch für den drohenden Untergang Verantwortung übernehmen zu müssen. Stattdessen stellt er in einem vernichtenden und bequemen, da nicht weiter hinterfragten Gesamturteil über die Götter fest: „So ist's ihr Wille denn, der uns verderbt." (V. 720)

Auch die **Passivität**, mit der Orest auf den Optimismus und Tatendrang seines Freundes Pylades reagiert, geht auf die Annahme einer allumfassenden göttlichen Haftung zurück. Regelrecht trotzig antwortet Orest auf Pylades' Feststellung, er werde immerhin im Bereich des Diana-Heiligtums von den Erinnyen in Ruhe gelassen: „So hab ich wenigstens geruh'gen Tod." (V. 729) Den positiven Aspekt der Abwesenheit der Erinnyen nimmt er nicht wahr.

In Iphigenies (Anne Schäfer) Gegenwart kommt der innerlich zerrüttete Orest (Mark-Alexander Solf) zur Ruhe; Aufführung des Bayerischen Staatsschauspiels (2009)

Erst kurz vor dem vierten Aufzug, also rund fünfhundert Verse später, ist er dazu bereit, ohne Sarkasmus und als Faktum zu akzeptieren, was sich vorher bereits angedeutet hat und was zu erhoffen daher durchaus berechtigt gewesen wäre: den endgültigen Abzug der Rachegöttinnen. Freudig teilt Orest Freund und Schwester an dieser Stelle mit:

Es löset sich der Fluch, mir sagt's das Herz.
Die Eumeniden ziehn, ich höre sie,
Zum Tartarus und schlagen hinter sich
Die eh'rnen Tore fernabdonnernd zu.
(V. 1358–1361)

Das alles macht deutlich, wie sehr Orests Wirklichkeitswahrnehmung von seinem **Pessimismus** dominiert ist: Er wehrt alles ab, was nicht zu seinem persönlichen Konstrukt eines vorausbestimmten Lebens voller Übel passt. So ist auch das **Misstrauen** zu erklären, das er seiner Schwester Iphigenie entgegenbringt, als diese sich ihm offenbart. Als Statthalterin von „Lyäens

Tempel" (V. 1 188; Lyaios ist ein Beiname des Gottes Dionysos) hält er sie – dieser Zuordnung zur dionysischen Sphäre entsprechend – für eine „schöne Nymphe" (V. 1 201), die es nur auf seine durchaus auch sexuelle Verführung abgesehen hat.

Als Iphigenie wenige Verse später im Rahmen ihrer Überzeugungsarbeit an das Opfer erinnert, als das die Fremden gedacht sind, glaubt Orest seinem Gegenüber plötzlich: Schließlich bestätigt die bevorstehende Ermordung des Bruders durch die Schwester seine **Hoffnungslosigkeit** ein weiteres Mal. Sarkastisch verweist er auf die althergebrachte Tradition des Geschwistermordes in seinem Geschlecht. In verbaler Raserei lädt er die Erinnyen und den mütterlichen Geist ein, dem typisch tantalidischen Spektakel seiner Opferung beizuwohnen, und weist die Schwester an, ihn zu töten – um am Ende in völliger Erschöpfung niederzusinken (III, 1). Einen Höhepunkt **gestörter Wirklichkeitswahrnehmung** stellt schließlich die Vision dar, die Orest nach seinem Zusammenbruch hat: Göttergleich und friedlich treten in seiner Wahnvorstellung die Ahnherren der Tantaliden auf, allesamt im Reinen miteinander, und Orest freut sich darauf, sich bald einreihen zu dürfen in diese versöhnte und harmonische Schar.

Die **Heilung** Orests (III, 3) bringt nicht nur den bereits erwähnten **Abzug der Erinnyen** und damit einen ersten dramatischen Abschluss mit sich, sondern lässt ihn zum ersten Mal auch optimistisch und voller Lebensmut erscheinen. Diese Heilung ist zum einen ein eindrucksvoller Beleg für das positive Götterbild Iphigenies, hat sie sich vor dem positiven Umschwung doch an niemanden Geringeren als Apoll und Diana gewandt (vgl. V. 1 317–1 331). Sie ist zum anderen Ausdruck der erfolgten **Humanisierung Orests** durch seine Schwester. Und sie erhöht zum Dritten den Druck, der im Folgenden auf Iphigenie lastet: Schließlich steht nun nicht mehr nur das Leben ihres Bruders und seines Freundes auf dem Spiel, sondern auch Orests neu zu

gewinnendes Lebensglück, das Beweis wäre gegen jeden mythologischen und religiösen Aberglauben.

So wie Pylades durch die Verführungskraft seines Planes
einen Gegenspieler Iphigenies darstellt, so ist auch Orest –
wenngleich auf einer sehr viel subtileren Ebene – der **Wider-
part seiner Schwester:** Seine Auffassung von einer unabänder-
lichen Verdammnis des Tantalidengeschlechts und sein negatives
Götterbild sind zwei wichtige Glaubenssätze, gegen die Iphigenie ankämpft. Bei den Überzeugungen Orests handelt es sich
allerdings um Glaubensfragen, die schwer widerlegbar sind.

Pylades

Auch Pylades ist hinsichtlich der Gefahr, die er für die Entwicklung Iphigenies darstellt, nicht zu unterschätzen: Seine Verführungskraft liegt unter anderem in einem **unerschütterlichen
Optimismus** begründet, den der Pessimist Orest ironisch mit
den Worten kommentiert: „Mit seltner Kunst flichst du der Götter Rat / Und deine Wünsche klug in eins zusammen." (V. 740 f.)

Tatsächlich verliert Pylades auch in der aussichts-
losen Situation, in der die
beiden sich nach ihrer
Landung auf Tauris befin-
den, nicht den Mut. Zwar
räumt er die Schwierig-
keit der aktuellen Lage
gegenüber dem todes-
sehnsüchtigen Freund ein.
Doch ist es sein erklärtes
Ziel, sich nicht mit dem
drohenden Tod abzufin-
den und nach einer Ret-
tung zu suchen:

Bei Orest (Sebastian Koch, vorne) zeigt Pylades'
(Matthias Redlhammer) Optimismus keine
Wirkung. Schillertheater Berlin 1991

Ich bin noch nicht, Orest, wie du bereit,
In jenes Schattenreich hinabzugehn.
Ich sinne noch, durch die verworrnen Pfade,
Die nach der schwarzen Nacht zu führen scheinen,
Uns zu dem Leben wieder aufzuwinden.
Ich denke nicht den Tod; ich sinn und horche,
Ob nicht zu irgendeiner frohen Flucht
Die Götter Rat und Wege zubereiten. (V. 596–603)

Orest kommt diesem Optimismus schwerlich bei. Das liegt nicht nur an dem Enthusiasmus, mit dem Pylades seine Sache vertritt, sondern auch an einem **Götterbild**, das in völligem Gegensatz zum negativen Götterverständnis Orests steht: Pylades ist von einem grundsätzlich **guten Verhältnis der Götter zu den Menschen** überzeugt; Letzteren komme als Ausführenden des göttlichen Willens auf Erden eine wichtige Funktion zu (vgl. V. 632 f.). Er wähnt sich von den Göttern stets positiv begleitet und bringt diese Überzeugung vor allem dann zum Ausdruck, wenn aufgrund der Bedrohlichkeit der Situation kein rationaler Grund für Optimismus mehr zu finden ist. Unbeirrbar beruft er sich auf den Orakelspruch Apolls und dessen scheinbare Eindeutigkeit (vgl. V. 613). Dem Glauben an die ewige Verdammnis eines ganzen Geschlechts, dem Orest hingebungsvoll anhängt, widerspricht er deutlich und betont den **Stellenwert der individuellen Leistung** eines Menschen:

[...] Die Götter rächen
Der Väter Missetat nicht an dem Sohn;
Ein jeglicher, gut oder böse, nimmt
Sich seinen Lohn mit seiner Tat hinweg.
Es erbt der Eltern Segen, nicht ihr Fluch. (V. 713–717)

Vor allem diese Ablehnung eines Glaubens an die unauslöschliche Verdammnis der Tantaliden rückt das Götterbild Pylades' scheinbar nahe an dasjenige Iphigenies heran. Doch besteht ein entscheidender Unterschied: Pylades sieht den **Menschen** nicht frei in seinem Wirken, sondern **als ein Instrument der Götter**, das aufgrund der vielfachen Irrungen und Wirrungen des Lebens nicht dauerhaft frei bleiben kann von Schuld und Verstrickung. Mehr noch: Es ist seiner Meinung nach die Pflicht des Menschen, sich darum erst gar nicht zu bemühen und vor allem den eigenen Weg im Auge zu behalten. Denn:

> [Wir] sind [...] nicht bestellt uns selbst zu richten;
> Zu wandeln und auf seinen Weg zu sehen
> Ist eines Menschen erste, nächste Pflicht:
> Denn selten schätzt er recht was er getan,
> Und was er tut weiß er fast nie zu schätzen.
> (V. 1 660–1 664)

Damit spricht Pylades dem Menschen alle Mündigkeit ab. Er ist aus seiner Sicht bar jeder Eigenverantwortung und braucht sich als die **göttliche Marionette**, die er ist, nicht um das Wohlergehen anderer oder irgendeinen allgemeinen ethischen Anspruch zu kümmern. Pylades zufolge kann, muss und darf der Mensch den moralischen Gehalt seines Tuns nicht selbst einschätzen. So wie Orest den Göttern die komplette Verantwortung für die Ereignisse im Negativen zuschiebt, so macht Pylades das im Positiven. Die beiden Freunde sind in ihrer Interpretation göttlichen Wirkens also lediglich graduell voneinander entfernt, während Iphigenies Götterbild einen grundsätzlichen Unterschied aufweist: Sie begreift den Menschen nicht als bloße Spielfigur der Götter und sein Schicksal nicht als das Ergebnis mehr oder minder willkürlicher göttlicher Bestimmungen. Für Iphigenie ist der Mensch in der Lage, sich selbstständig und unabhängig von den Göttern für aufgeklärtes und humanes Handeln zu entscheiden.

Um Iphigenie von seinen Plänen zu überzeugen, legt Pylades große **Überredungskunst** an den Tag und stellt in diesem Zusammenhang die Notlage, in der sich die Griechen befinden, sogar über den Willen der Götter, dem er zuvor noch in totaler

Unbedingtheit gehuldigt hat (vgl. V. 1 680–1 683). Trotzdem scheitert er: Iphigenie, die seiner Sichtweise anfangs zu erliegen droht, emanzipiert sich auf einem langen und schweren Weg von seinem verführerischen **Pragmatismus**. Sie entscheidet sich für die Wahrheit als die rechte Alternative zu List und Gewalt und damit für eine Sphäre, die nicht die Sphäre Pylades' ist und zu der er im Gegensatz zu Orest auch keinen Zutritt bekommt. Bezeichnenderweise ist Pylades beim entscheidenden letzten Auftritt, der der „unerhörten Tat" Iphigenies zu ihrem Recht verhilft, nicht mehr auf der Bühne mit dabei.

Thoas

Erscheint der Thoas in Euripides' Tragödie *Iphigenie bei den Taurern* als ganz und gar einfältiger und barbarenhafter Stammesfürst, so verleiht Goethe „seinem" Thoas eine **Zivilisiertheit**, die den alten Gegensatz zwischen nichtgriechischen Barbaren und kulturvollen Griechen auflöst. An manchen Stellen scheinen die Griechen sogar barbarischer zu sein als der vermeintliche Barbarenkönig selbst: Sie sind es, die in ein fremdes Land eindringen in der Absicht, ein Götterbildnis

Iphigenie (Maria Wimmer) fordert von dem „Barbaren" Thoas (Hermann Schomberg) humanes Handeln; Aufführung des Schiller-Theaters Berlin (1957)

zu stehlen. Es ist Orest, der im vierten Auftritt des letzten Aufzugs mit der Waffe in der Hand die Bühne betritt. Und es ist der

Grieche Pylades, der alles daransetzt, den König und die Taurer mit List und Lüge zu hintergehen.

Von Thoas berichtet Arkas, dass ihn weit mehr als bloß seine Sorgen als Staatsmann plagen: Er fürchtet ein „einsam hülflos Alter" (V. 162), was seine persönliche Verletzlichkeit verrät, und auch eine echte, über pragmatische Überlegungen hinausgehende Zuneigung zu Iphigenie lässt sich erahnen, wenn der König es als einen „alten Wunsch" (V. 246) bezeichnet, die Priesterin als seine Braut zu gewinnen. Von der zwischen Barbaren einerseits und edlen Griechen andererseits unterscheidenden Schablone der griechischen Dramatiker ist das Personal der goetheschen *Iphigenie* also weit entfernt, was nicht nur an der Person Thoas', sondern in der Umkehrung auch an den Griechen Orest und Pylades manifest wird.

Vor diesem Hintergrund nimmt es nicht wunder, dass Thoas nach dem emotional aufgeladenen Geständnis Iphigenies zunächst regelrecht spöttisch reagiert und fragt: „Du glaubst, es höre / Der rohe Skythe, der Barbar, die Stimme / Der Wahrheit und der Menschlichkeit, die Atreus, / Der Grieche, nicht vernahm?" (V. 1936–1939). Iphigenie begegnet dem König mit dem Verweis darauf, dass jeder Mensch diese Stimme zu hören in der Lage ist, und drückt damit

Thoas (Burghart Klausner) reagiert erbost auf Iphigenies (Judith Engel) Nein zu seinem Antrag; Aufführung der Schaubühne Berlin (2009); Regie: Jossi Wieler

ein Grundanliegen des Textes aus: die Darstellung der **Humanisierbarkeit des Menschen** durch die Mittel der Wahrheit, der Menschlichkeit und der aufgeklärten Selbstbestimmung. Diese prinzipielle Erziehbarkeit ist völlig unabhängig von Herkunft oder gesellschaftlichem Stand – wie Goethe am Beispiel des Thoas demonstriert.

Dass der König der Taurer den überlieferten Gegensatz zwischen Barbaren und Griechen ins Feld führt, deutet aber dennoch an, wo er steht: Zwar hat er sich dem Humanisierungswerk der Priesterin geöffnet und seinem Volk die Vorzüge ihres Einflusses gerne angedeihen lassen. Aber der durch die Zurückweisung seines Antrags verursachte **Rückfall in die alte Tradition der Menschenopfer** zeigt, wie instabil diese Nähe zur Humanität eigentlich ist. Die **Verletzung männlichen Stolzes** und die Aussicht, der Staatsräson durch das Fehlen eines männlichen Thronfolgers nicht genügen zu können, sind die Faktoren, die sein impulsives und hartes Handeln motivieren. Gerade der letztgenannte Faktor hat es in seinem Gewicht durchaus in sich: Anders als heute war es auch noch in der Zeit Goethes für einen Monarchen von besonderer legitimatorischer Bedeutung, einen Sohn als Thronfolger präsentieren zu können, um Erbstreitigkeiten und politische Instabilität nach seinem Tod zu vermeiden oder zumindest gering zu halten. Eine Tochter als Thronfolgerin des Vaters fand in der Regel keine Akzeptanz. Der Thronbesteigung Maria Theresias im Jahre 1740 beispielsweise waren umfangreiche Bemühungen ihres Vaters Kaiser Karl VI. vorausgegangen, der die sogenannte Pragmatische Sanktion nur mit größter Mühe gegen erbfreudige und expansionslustige Nachbarn durchgesetzt und damit die dynastische Kontinuität in den habsburgischen Ländern nach dem Aussterben der männlichen Linie gesichert hatte. Das in die dramatische Fiktion der *Iphigenie* eingefügte Streben Thoas' nach einem männlichen Thronfolger, den Iphigenie ihm schenken sollte, war für die

Zeitgenossen Goethes also durchaus nachvollziehbar, weil diese Art der Nachfolgeregelung in ihrer eigenen Lebenswelt noch immer die gängige war.

Pragmatische Interessen bestimmen also Thoas' Handeln noch stärker als eine humane Gesinnung: Er weiß sehr wohl, dass er selbst ein Gegenbeispiel für den behaupteten Gegensatz von Griechen und Barbaren ist. Aber ganz aufgeben will er diese klischeehafte Rolle vom ungebildeten Barbaren dennoch nicht, weil sie ihm den Rückzug in die emotionale und unreflektierte Reaktion ermöglicht, für die das Barbarentum steht. So gesehen befindet er sich hinsichtlich seiner Entwicklung zu aufgeklärter Humanität auf derselben Stufe wie Orest: Beide nehmen die Segnungen humanen Handelns passiv gerne an, erweisen sich aber als zu bequem, wenn es darum geht, selbst nach der Maßgabe altruistischer Menschlichkeit aktiv zu werden.

Am Ende freilich entwickelt Thoas sich in die von Iphigenie geforderte und geförderte Richtung. Der letzte Aufzug, in dem das Wort immer mehr an die Stelle des Schwertes tritt, macht das deutlich: Im vierten Auftritt stecken Thoas und Orest das Schwert immerhin bereits ein, um im fünften einen Waffenstillstand zu beschließen – Thoas und Orest sind die Beschließenden, Arkas und der einst so aktive Pylades nur mehr die Ausführenden. Im letzten Auftritt setzt sich das **versöhnliche Wort** endgültig durch. Orest klärt das Missverständnis mit dem Götterspruch Apolls auf, sodass Thoas in zwei sehr dramatischen Schritten – schließlich ist er derjenige, der am meisten von allen aufzugeben hat – den Prinzipien humanen Handelns Genüge tun kann: Er **überwindet sich** binnen weniger Verse und recht wortkarg dazu, seinen Abschiedsgruß zu wandeln – von einem aus bloßer Vernunft heraus gewährten „So geht!" (V. 2 151) hin zu einem menschenfreundlichen und aufrichtig gefühlten „Lebt wohl!" (V. 2 174). Damit erfüllt der König der Taurer alle Ansprüche, die das 18. Jahrhundert an einen aufgeklärten, humanen und Machtmissbrauch ablehnenden König stellen konnte. In den Augen einiger Germanisten ist Goethes *Iphigenie* daher auch eine **Handlungsanweisung zur Fürstenerziehung** in einem von Aufklärung und Absolutismus geprägten Jahrhundert.

Die Entwicklungsfähigkeit Thoas' ist einer derjenigen Punkte, die den Unterschied zwischen Goethes Stück und Euripides' *Iphigenie bei den Taurern* besonders deutlich machen: Sie ist bei der Thoasfigur des Euripides schlichtweg nicht vorhanden. Dazu passt, dass bei Euripides auch kein Missverständnis hinsichtlich des **Götterspruchs Apolls** vorliegt – dieser Irrtum ist eine Zutat und **Umdeutung Goethes**, die es dem modernen Thoas erleichtert, den Weg der Versöhnung zu beschreiten.

Es geht in der antiken Vorlage also für Thoas um nichts Geringeres, als den per Götterspruch empfohlenen und von den Griechen beabsichtigten, durch handfeste Täuschung eingeleiteten Raub des Artemis-Bildes zu verhindern. Eine verständigungsorientierte Figurenentwicklung ist in so einem Zusammenhang überhaupt nicht angedacht, und dementsprechend kündigt Thoas seinen Taurern ein wahrhaft barbarisches Ende der Griechen an: „Zur See wie auf dem Land zu Pferde wollen wir / Sie fassen und vom schroffen Fels hinab ins Meer / Dann stürzen oder spießen auf den spitzen Pfahl!"[10] Unmittelbar im Anschluss an diese Äußerung tritt als **Dea ex machina** Athene auf den Plan und weist den König vom Tempeldach herab an, die Griechen ziehen und den Chor von 15 gefangenen griechischen Jungfrauen freizulassen. Orest beauftragt sie mit dem Bau eines Tempels in der Heimat für das geraubte Götterbild. Thoas reagiert auf den Befehl der Göttin mit sofortigem Gehorsam – aber freilich ohne auch nur den leisesten Hinweis auf jene innere Entwicklung zu geben, die sein klassisches Ebenbild vollzieht. Vielmehr entgegnet er Athene:

> *Herrin Athene, wer der Götter Ruf vernimmt*
> *Und den Gehorsam ihm verweigert, ist ein Tor.*
> *Ich zürne dem Orestes nicht, dass er das Bild*
> *Der Göttin uns entführt, auch seiner Schwester nicht.*
> *Wie ziemte Kampf mit Göttern, die so mächtig sind?*
> *Sie mögen ruhig ziehen in dein Land und dort*
> *Aufstellen unter guten Zeichen jenes Bild!*
> *Auch diese Frauen schick ich ins gesegnete*
> *Hellenenland, wie du es mir befohlen hast.*
> *Die Lanzenträger, die ich aufbot für den Kampf,*
> *Die Schiffe auch ruf ich zurück, weil du es willst.*
> (Euripides, V. 1475–1485)

Von einigen Zeitgenossen Goethes wurde Kritik an dem Rückfall Thoas' in die Tradition der Menschenopfer geäußert. Dieser, so der Tenor, passe doch nicht zu einem so weit entwickelten Charakter, wie Thoas einer sei. Die Kritik missachtet, wie intensiv gerade durch den Opferbefehl des Königs deutlich gemacht wird, dass hier Personen agieren, deren humanes Handlungsvermögen sehr unterschiedlich ist: Obwohl von Iphigenie selbst als „edler Mann" (V. 33) charakterisiert, ist Thoas in einem als **typisch männlich dargestellten Handlungsmuster** gefangen, in dem **Gewalt** eine wichtigere Rolle bei der Lösung von Problemen spielt als das offene, nichtstrategische Wort, das zu führen Arkas zufolge der König auch nicht recht versteht (vgl. V. 165–168). Thoas denkt primär als **Krieger:** Er zieht ins Feld, um die Tötung seines Sohnes zu vergelten; die genaueren Umstände – wann und durch wen dieser getötet wurde – werden nicht mitgeteilt. Darüber hinaus ist der Rückfall Thoas' ein entscheidendes Moment zur aus dramatischer Sicht wünschenswerten weiteren Zuspitzung des Konflikts: Mit der Wiedereinführung des alten Opferbrauches sieht sich Iphigenie plötzlich dem Zwang ausgesetzt, ihre Hände mit Menschenblut beflecken zu müssen – noch dazu mit dem Blut des eigenen Bruders.

Arkas

Arkas ist die blasseste Figur des Dramas. In **Parallelität zu Pylades** konzipiert, fungiert er als treuer und der Staatsräson verpflichteter Berater des Königs, ohne jemals selbst strategisch tätig zu werden. Sein Wirkungskreis beschränkt sich im Wesentlichen darauf, **Mittler** zu sein zwischen Thoas und Iphigenie. Wie Pylades ist er in die Bewältigung des eigentlichen sittlichen Konflikts nicht einbezogen – dementsprechend verlassen beide, Arkas und Pylades, am Ende des vorletzten Auftritts die Bühne. Im entscheidenden sechsten

Arkas (Wolfgang Menardi) beschwört Iphigenie (Anne Schäfer), Thoas entgegenzukommen; Bayerisches Staatsschauspiel (2009)

Auftritt sind sie nicht einmal mehr als Zaungäste anwesend. Iphigenies Offenheit macht Berater und Vermittler entbehrlich.

Bei allem Pragmatismus und aller Blässe darf aber nicht übersehen werden, dass auch Arkas ein **auf hohem intellektuellen Niveau** reflektierender Gesprächspartner ist, der, ganz wie Pylades, Iphigenie auf seine Weise zu beeinflussen versucht. Zwar zeigen ihn von den insgesamt vier Auftritten, in denen er vorkommt (1. Aufzug, 2. Auftritt; 4. Aufzug, 2. Auftritt; 5. Aufzug, 1. und 5. Auftritt), die letzten beiden lediglich **in Diensten des Königs beratend und handelnd**, und der zweite führt ihn ebenfalls nur in seiner Funktion als Übermittler vor. Der erste

Auftritt aber präsentiert einen ausgesprochen überzeugenden **Werber** seines Königs: Geschickt betont Arkas im Gespräch mit Iphigenie deren Verpflichtung gegenüber Thoas und fordert statt des bloß höflichen Dankes den „reinen Dank, / Um dessentwillen man die Wohltat tut; / Den frohen Blick, der ein zufriednes Leben / Und ein geneigtes Herz dem Wirte zeigt" (V. 93–96), ein. Und nicht minder geschickt führt er im Rahmen seiner Überzeugungsarbeit Iphigenies bereits wirksames Humanisierungswerk bei den Taurern ins Feld, das sich auf alle aus seiner Sicht relevanten Bereiche erstreckt: das individuelle Glücksempfinden des Königs, die Gunst der Stammesgöttin Diana, das Kriegsglück und das gesellschaftliche Wohlbefinden der Skythen (vgl. V. 120–143). Die Wirkungsmacht dieser Argumentation wird an der Defensive deutlich, in die Iphigenie gerät, wenn sie das eigene humane Handeln relativiert: „Das wenige verschwindet leicht dem Blick, / Der vorwärts sieht wie viel noch übrig bleibt." (V. 144 f.) Arkas scheint in diesem Moment als Stimme von Iphigenies Gewissen zu fungieren. Das alles zeigt: Arkas ist ein im Rahmen seiner Möglichkeiten durchaus gleichwertiges Pendant zu Pylades.

4 Themen und Motive

Goethes Schauspiel verbindet verschiedene Themen und Motive miteinander, die als typisch für die Weimarer Klassik gelten. Die bedeutendsten sollen hier vorgestellt werden.

Menschen und Götter

Goethes *Iphigenie* kreist um das Verhältnis zwischen Menschen und Göttern. Überall in der als bekannt vorausgesetzten **Vorgeschichte** des Stückes scheint die griechische Götterwelt tätig gewesen zu sein: Iphigenie ist zur Priesterin Dianas geworden, nachdem die Göttin sie vor der Opferung durch den eigenen Vater errettet hat. Orest und Pylades sind in das Reich Thoas' eingedrungen, weil der Götterspruch Apolls sie scheinbar auf diese Fährte gesetzt hat. Einen zentralen Anteil an der dramatischen Zuspitzung der Handlung hat schließlich die Abstammung Iphigenies und Orests von den Tantaliden, deren Ahnherr sich mit den Göttern überworfen hat. Und **im Text** selbst bittet die Priesterin in ihrer Not immer wieder ihre Schutzgöttin Diana oder pauschal alle Götter um Rückhalt auf ihrem schwierigen Weg. An mehreren Stellen ist das Verhältnis der Götter zu den Menschen Gegenstand der Überlegungen der schwer mit sich ringenden Iphigenie. Kein Zweifel also: Ohne die Götter geht nichts in Goethes Schauspiel.

Dennoch: Genauer besehen ist Goethes *Iphigenie* von der Religiosität der antiken Textvorlage weit entfernt. Im Vergleich mit der *Iphigenie* des Euripides fällt auf, dass Goethe **keine einzige Gottheit direkt auftreten** lässt – nicht einmal die Erinnyen, die Orest verfolgen, bekommt der Zuschauer zu Gesicht. Auch sind es nicht die *dei ex machina*, die die Lösung des dramatischen Konflikts bewirken wie in den antiken Dramen, sondern die Menschen selbst, konkret: eine Iphigenie, die sich von allen Zwängen befreit, mit denen man sie zu manipulieren versucht – den kultisch-religiösen Zwängen des angeblichen göttlichen Willens ebenso wie den machtpolitischen eines amtsautoritären Königs oder den mythischen des Tantalidenfluches. Iphigenie rückt so – stellvertretend für alle Menschen – in gewisser Weise **an die Stelle der Götter**, ganz der aufgeklärten Idee von der menschlichen Autonomie und **Mündigkeit** entsprechend.

Mit dieser **Entsakralisierung** des Stoffes in der modernen dichterischen Umsetzung geht eine für die literarische Klassik typische Transformation des Göttlichen einher: Nach der Auffassung Iphigenies sind die **Götter** keine völlig autonome Instanz, sondern **wirken im Menschen** (vgl. V. 1 918 f.) und sprechen zu ihm durch sein Herz (vgl. V. 494), das als der Sitz der

Menschlichkeit und der Wahrheit fungiert. „[...] jeder, / Geboren unter jedem Himmel, dem / Des Lebens Quelle durch den Busen rein / Und ungehindert fließt" (V. 1939–1942), kann Iphigenie zufolge dieser Stimme des Herzens gewahr werden, völlig unabhängig von Herkunft, Stand und gesellschaftlicher Funktion. Insbesondere die **Lokalisierung der Wahrheit** ist in diesem Zusammenhang bemerkenswert, zumal sie nicht dem Bereich aufgeklärter Vernunft, sondern dem Bereich des Gefühls und der Emotionalität zugewiesen wird, dem **Herzen** eben.

Diese **Verlagerung der Götter** oder, abstrakter, des Göttlichen **in das Innere** des Menschen verläuft parallel zu einem Prozess der Befreiung Iphigenies von dem alten Dogma eines göttlich-menschlichen Gegensatzes: Iphigenie gesteht zwar auf der einen Seite sehr wohl ein, dass es diesen Antagonismus in der Vergangenheit ihrer Vorfahren gegeben hat. Dabei weist sie die Schuld vor allem den Göttern zu, weil diese „mit Menschen, wie mit ihresgleichen" (V. 316) umgingen, während sie ihren Ahnherrn Tantalos von der Verräterschaft und einem unedlen Charakter freispricht (vgl. V. 319). Auf der anderen Seite aber gibt sie sich für die Gegenwart von der Friedfertigkeit der Götter und ihrem Wohlwollen überzeugt, zumal sie durch ihre Errettung vom Opferaltar Letzteres am eigenen Leibe erfahren hat (vgl. V. 526). Ihr Fazit lautet:

> *Denn die Unsterblichen lieben der Menschen*
> *Weit verbreitete gute Geschlechter,*
> *Und sie fristen das flüchtige Leben*
> *Gerne dem Sterblichen, wollen ihm gerne*
> *Ihres eigenen, ewigen Himmels*
> *Mitgenießendes fröhliches Anschaun*
> *Eine Weile gönnen und lassen.*
> (V. 554–560)

Für Iphigenie geht es darum, die **Versöhnung mit den Göttern** stellvertretend für den Menschen und exemplarisch für das eigene Geschlecht durchzuführen, dessen Geschichte so tief von dem einstigen Gegensatz geprägt ist. Einen Weg aus dem bestehenden Dilemma mithilfe von List und Lüge zu suchen, hieße die Verstrickung der Tantaliden in Schuld weiterzuspinnen. Das Bekenntnis zu Ehrlichkeit und Wahrheit würde dagegen ein **Durchbrechen des ewigen Kreislaufs** von Betrug und Sühne bedeuten, für den die Geschichte der Sippe Tantalos' steht und der Ausdruck ihrer ererbten Feindschaft zu den Göttern ist. Dieser **Entsühnungsprozess** aber kann nur mit Unterstützung der Götter zum Erfolg werden. Iphigenies Erfolg ist gleichzeitig Sieg der Wahrheit und der Aufrichtigkeit sowie Versöhnung mit den Göttern. Damit ist auch jene Situation überwunden, die sie im „Lied der Parzen" retrospektiv beschreibt.

Das „Lied der Parzen"

Das berühmte Lied des fünften Auftritts im vierten Aufzug (V. 1 726–1 766) stellt verdichtet **das überkommene Götterbild** dar. Iphigenie befindet sich in einer Situation, in der der auf ihr lastende Entscheidungsdruck übermächtig zu werden droht. Oft wird übersehen, dass der gesamte Auftritt sich auf **zwei zeitliche Ebenen** bezieht: Bis zum Vers 1 717 skizziert Iphigenie zwar verzweifelt, aber analytisch klar, was ihre Hoffnung war und ist – nämlich die Linderung des Familienfluches – und welche Gefahr bei einer Enttäuschung dieser Hoffnung droht: die Revision des eigenen positiven Götterbildes. Dementsprechend endet dieser erste Abschnitt mit dem an die Götter gerichteten Ausruf: „Rettet mich, / Und rettet euer Bild in meiner Seele!" (V. 1 716 f.)

Was folgt, ist die Illustration dessen, wohin diese Revision führen würde: zum durch und durch **düsteren Götterbild der Vergangenheit**, wie es Iphigenie, Elektra und Orest in ihrer Kindheit in Gestalt des „Liedes der Parzen" immer wieder eingebläut wurde. Der Wechsel hin zum Lyrischen erweckt den Eindruck einer Reise in eine **archaische, gewaltsame und unauf-**

geklärte Ahnenzeit. Schon die ersten beiden Verszeilen machen deutlich, nach welchen Regeln diese Vorzeit funktionierte: „Es fürchte die Götter / Das Menschengeschlecht!" (V. 1 726 f.) Begründet wird dieses Gebot in der Folge des Liedes nicht nur mit dem Ewigkeitscharakter der Götterherrschaft, sondern auch mit ihrer Willkür, der besonders derjenige ausgesetzt war, den die Götter vorübergehend zu sich erhoben hatten. Hier liegt der Gedanke an Tantalos nahe, auf dessen Mahl mit den Göttern und auf

„Und rettet euer Bild in meiner Seele!" (V. 1717). Iphigenie (Ulrike Krumbiegel) hadert mit den Göttern; Aufführung des Deutschen Theaters Berlin (2002)

dessen Sturz die zweite und dritte Versgruppe anspielen (vgl. *Interpretationshilfe*, S. 17 ff.). Die Strophen 4 und 5 beschreiben – wiederum in deutlicher Anspielung auf das Schicksal von Tantalos und seinen Nachkommen –, was nach der Verdammung des einstmals zum Gefährten der Götter Erhobenen geschah: Die Götter führten ihr Dasein „[i]n ewigen Festen / An goldenen Tischen" (V. 1 745 f.) unbeirrt weiter und wandten sich von den Nachkommen des Verdammten ab. Die sechste Strophe schließlich macht noch einmal darauf aufmerksam, dass es sich bei dem Lied um eine Schilderung handelt, die die Vergangenheit wiedergibt: „So sangen die Parzen" (V. 1 761), heißt es ausdrücklich.

Der vierte Auftritt des ersten Aufzugs zeigt gegenüber dem Lied: Iphigenie hat diese archaische Vorstellung von einem Antagonismus zwischen Göttern und Menschen eigentlich schon überwunden und wünscht sich nichts sehnlicher als die Bestätigung ihres harmonischen und progressiv-aufgeklärten Götterbildes durch die Götter selbst.

Mann und Frau

Neben dem Verhältnis zwischen Menschen und Göttern ist das Geschlechterverhältnis für den aufgeklärten Charakter des Schauspiels von entscheidender Bedeutung. Iphigenie ist **alleine unter vier Männern**. Diese vier verfolgen allesamt eine als typisch männlich ausgewiesene Lösungsstrategie, die sich durch **List und Gewalt** auszeichnet: Pylades setzt auf einen Plan, dessen Kernelemente der Betrug und

„Lebt wohl!" (V. 2174). Thoas (Wolfgang Langhoff) nimmt versöhnt Abschied von Iphigenie (Inge Keller) und Orest (Horst Drinda); Aufführung des Deutschen Theaters Berlin (1963)

der Diebstahl sind. Orest greift im letzten Aufzug zum Schwert, woraufhin Thoas, der qua Amt die Tötung der Neuankömmlinge verfügt hat und auf diese Art und Weise seinerseits Zwang und Gewalt auf Iphigenie ausübt, ebenso das Schwert zückt. Als ein Waffenstillstand vereinbart ist, schlägt Orest erneut eine gewaltsame Lösung vor: den Zweikampf nämlich, den er mit dem väterlichen Schwert zu führen gedenkt, wodurch er sich in die gewaltsame Tradition des Vaters stellt. Arkas schließlich ist als treuer Diener seines Herrn jederzeit bereit, das in einer Bucht liegende Schiff der Griechen in Brand zu stecken.

Männliche versus weibliche Strategien

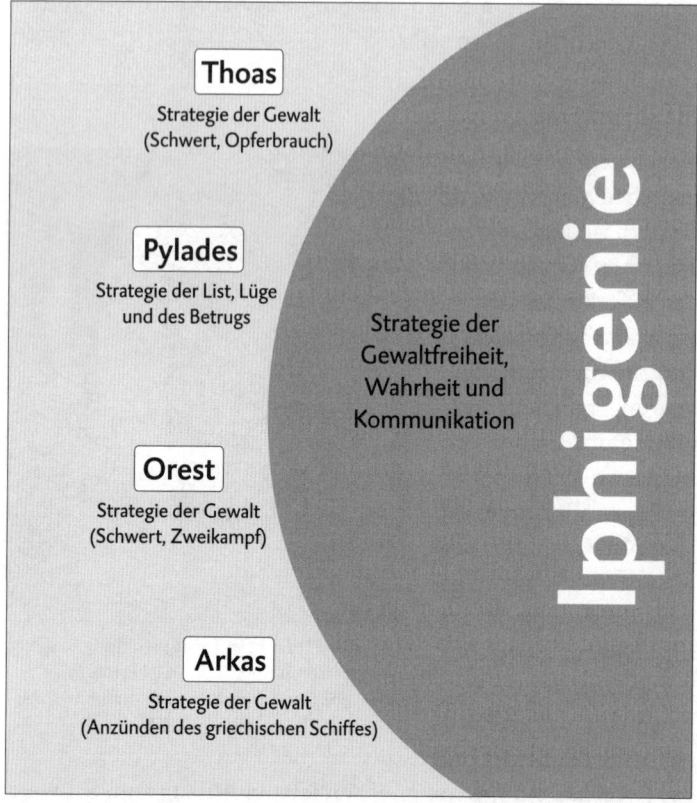

Dieser Lösungsstrategie der Gewalt und des physischen Kräfte-messens setzt Iphigenie ihre eigene, **weibliche Strategie der Gewaltfreiheit, der Wahrheit und der Kommunikation** ent-gegen. Zwar ist sie nicht gefeit vor den Verlockungen der Strate-gie eines Pylades. Als dieser der Priesterin seinen Plan vorstellt und diese Taktik ihre Überzeugungskraft entfaltet, bezeichnet sie den Freund gar als den „Arm des Jünglings in der Schlacht" und aufgrund seiner Schläue als „des Greises leuchtend Aug in der Versammlung" (V. 1 384 f.). Als es aber im dritten Auftritt des letzten Aufzugs daran geht, sich trotz Lebensgefahr zur Wahrheit gegenüber Thoas durchzuringen, analysiert sie die männliche Definition einer heldenhaften, „unerhörten Tat" (V. 1 892) kritisch und lehnt sie im Spiegel der eigenen „unerhörten Tat", die auszuführen sie gerade im Begriff ist, ab. Iphigenie wendet sich „nach einigem Stillschweigen" an Thoas:

> *Hat denn zur unerhörten Tat der Mann*
> *Allein das Recht? Drückt denn Unmögliches*
> *Nur Er an die gewalt'ge Heldenbrust?*
> *Was nennt man groß? Was hebt die Seele schaudernd*
> *Dem immer wiederholenden Erzähler?*
> *Als was mit unwahrscheinlichem Erfolg*
> *Der Mutigste begann. Der in der Nacht*
> *Allein das Heer des Feindes überschleicht,*
> *Wie unversehn eine Flamme wütend*
> *Die Schlafenden, Erwachenden ergreift,*
> *Zuletzt gedrängt von den Ermunterten*
> *Auf Feindes Pferden, doch mit Beute kehrt,*
> *Wird der allein gepriesen? der allein,*
> *Der einen sichern Weg verachtend kühn*
> *Gebirg und Wälder durchzustreifen geht,*
> *Dass er von Räubern eine Gegend säubre?*
> *Ist uns nichts übrig? [. . .]* (V. 1 892–1 908)

Was folgt, ist die durch die zahlreichen rhetorischen Fragen bereits vorbereitete Weigerung, sich dieser Definition von Heldenhaftigkeit anzuschließen – sie zwänge die Frauen, so Iphigenie, sich männergleich wie kriegerische Amazonen zu verhalten, wollten sie denn heroisch handeln (vgl. V. 1 908–1 912). Auf dieser Basis schließlich kommt es zur indirekt formulierten **weiblichen Definition einer „unerhörten Tat"**, zum Bekenntnis zur uneingeschränkten, strategiefreien Ehrlichkeit in Gestalt des Geständnisses gegenüber Thoas (vgl. V. 1 919–1 936). Die Frau bevorzugt das **Wort** als Mittel zur Konfliktregelung und ist damit Vertreterin von Gewaltfreiheit und Humanität, während der Mann für List, Betrug und Gewalt zu stehen scheint. Diese Differenzierung wird im Text an mehreren Stellen deutlich (vgl. V. 481–485, V. 786–793) und entspricht in ihrer Gegensätzlichkeit durchaus dem Geschlechterbild der Zeit (vgl. *Interpretationshilfe*, S. 50 f.). Die Reaktion Thoas' auf das Geständnis Iphigenies – sein letztendlich gegebenes „Lebt wohl!" (V. 2 174) – macht aber auch deutlich, dass die **Männlichkeit** des Stückes nicht im Kreislauf von Gewalt und Gegengewalt verharren muss, sondern durch das Vorbild Iphigenies sehr wohl **humanisierbar** ist: Erst widerwillig („So geht", V. 2 151), dann aber versöhnt demonstriert der König die Wirksamkeit von Wort und Wahrheit und bestätigt dadurch die von Iphigenie propagierte weibliche Form der Konfliktlösung.

Humanität und Aufklärung

Der Primat der Menschlichkeit, der Mut zur Wahrheit, der Verzicht auf Gewalt, die Wahl der Kommunikation an ihrer statt und die Emanzipation von einem überkommenen Götterbild sind konkrete Bestandteile, aus denen sich der Begriff der Humanität in Goethes *Iphigenie* zusammensetzt. Als ein „Weihespiel der Humanität" ist das Stück dann auch von den Zeitgenossen und in der Literaturwissenschaft bezeichnet worden. Beigetragen zu dieser Überhöhung hat Goethe selbst, indem er dem 1827 in Weimar gastierenden Orest-Darsteller Wilhelm Krüger den folgenden Wunsch in sein *Iphigenie*-Exemplar schrieb:

> *Was der Dichter diesem Bande*
> *Glaubend, hoffend anvertraut,*
> *Werd' im Kreise deutscher Lande*
> *Durch des Künstlers Wirken laut.*
> *Liebevoll verkünd' es weit:*
> *Alle menschliche Gebrechen*
> *Sühnet reine Menschlichkeit.*[11]

Bereits Erich Trunz hat darauf verwiesen, dass diese Verse sich in erster Linie auf den von Krüger gegebenen Orest beziehen und nicht als Pauschaldeutung des gesamten Schauspiels verstanden werden dürfen. Von einer das ganze Drama umspannenden reinen Humanität könne, so Trunz, angesichts der „Aussparungen, die erst die glückliche Lösung ermöglichen"[12] und auf die sich auch Adorno in der erwähnten Weise bezieht (vgl. *Interpretationshilfe*, S. 49 f.), nicht die Rede sein. Nichtsdestotrotz gehen diese „Aussparungen" in erster Linie auf das Bestreben des Dichters zurück, eine weitgehend homogene Fabel zu schaffen, die den antiken Stoff adäquat interpretiert und bei alledem einen neuen Humanitätsbegriff konstruiert.

Dieser Humanitätsbegriff lehnt sich eng an denjenigen Johann Gottfried **Herders** an, mit dem Goethe befreundet war. Herder begreift die Humanität als eine natürliche, das Göttliche widerspiegelnde Anlage im Menschen, die zu ihrer Aktivierung und Entwicklung der fortwährenden Übung bedarf. Realisiert wird sie durch Wahrheit, Gerechtigkeit und Menschenliebe, so wie Iphigenie es vormacht. Der **Instanz des Herzens** fällt hier eine Schlüsselrolle zu. Der winckelmannsche Primat der „stillen Größe" gebietet es, dass der Umgang mit Krisen ohne große äußere Geste und ohne sichtbare Erregung stattfindet – Iphigenie wird diesem Anspruch in Vollendung gerecht und zeigt sich dadurch einmal mehr als ganz und gar „klassische" Figur. In engem Zusammenhang mit dem Humanitätsbegriff steht das **Geschichtsmodell**, das in Goethes Stück vermittelt wird. Der am Ende des Schauspiels errungene Sieg der Humanität markiert den vorläufigen End- und Höhepunkt einer historischen Entwicklung, die deutlich macht, dass die Verbesserung einer defizitären Gegenwart nur über die **Auseinandersetzung mit der Vergangenheit** stattfinden kann. Diese Vergangenheit besteht in der *Iphigenie* aus dem Mythos der fluchbeladenen Tantaliden. Iphigenie vollzieht die Ablösung dieses Zeitalters durch ein Zeitalter der

Humanität, in dem der ererbte Gegensatz zu den Göttern überwunden ist, mutiges Handeln sich nicht weiter durch altgriechi-
sches Heroentum definiert und eine Instrumentalisierung von
Religion nicht mehr stattfindet.

Das Staatstheater Stuttgart setzte *Iphigenie auf Tauris* 1997 als Inbegriff des klassisch-
humanistischen Weltbilds von Goethe in Szene.

Diese **Deutungsautonomie**, die Iphigenie gegenüber mytholo-
gisch, religiös oder politisch geprägten Erklärungsmustern
beweist, lässt die Nähe des Textes zur **Aufklärung Immanuel
Kants** offenkundig werden: Iphigenie entledigt sich stellvertretend für die Menschheit ihrer Unmündigkeit, indem sie die an
sie herangetragenen Lösungs- und Deutungsvorschläge kritisch
analysiert und gemeinsam mit allen bestehenden politischen
und religiösen Bindungen verwirft. Goethe legt mit diesem Bekenntnis zu den Prinzipien der Menschlichkeit und der Freiheit
des Individuums seiner Heldin die zentralen Axiome der philosophischen Aufklärung des 18. Jahrhunderts in den Mund.

5 Sprachliche Form

Die Sprachgestaltung unterscheidet sich im geschlossenen Drama von derjenigen im offenen deutlich – dient die Sprache des geschlossenen Dramas doch unter anderem dazu, den **hohen intellektuellen und sozialen Status** des dramatischen Personals zu unterstreichen: Kaum kommen Ellipsen vor, kaum gibt es parataktische Reihungen, kaum konkrete Gegenständlichkeit. Der sprachliche Duktus der Handelnden ist **abstrakt** und stets um die Konstruktion allgemeingültiger Formeln und Deutungen bemüht, die das gesamte Drama – oft in Form kontrastierender Stichomythien (vgl. etwa V. 1 643–1 652) – durchziehen. Er strebt nach Komplexität, bedient sich hypotaktischer Gefüge und zeichnet sich durch ein Vokabular aus, das dem adeligen Stand der Protagonisten und ihrem hohen Reflexionsniveau entsprechen soll. Diese Sprache bringt **intellektuelle Distanz und permanente Kontrolliertheit** zum Ausdruck. Dass Iphigenie den sprachlichen Duktus auch dann bewahrt, wenn ihr innerer Leidensdruck schier unerträglich zu werden scheint, dass sie selbst den übergroßen Schmerz über die grauenhafte Nachricht von der Ermordung ihrer Eltern in angemessene Worte zu fassen vermag, ist einmal mehr Hinweis auf die **stille Größe der Hauptfigur**.

Was die metrische Gestaltung der goetheschen *Iphigenie* angeht, so ist der **Blankvers** die dominierende Sprachform. Es handelt sich dabei um einen ungereimten **fünfhebigen Jambus** (also fünf betonte Silben pro Verszeile, wobei mit einer unbetonten Silbe begonnen wird), der die Verszeile sowohl mit betonter als auch unbetonter Kadenz abschließen kann. Bedingt durch das Fehlen einer Zäsur in der Mitte, wie der Alexandriner sie aufweist, und aufgrund der regelmäßigen Alternation von Hebung und Senkung – also des regelmäßigen unmittelbaren Wechsels von betonter und unbetonter Silbe – ist der Blankvers relativ einfach handzuhaben. Der Wechsel von Hebung und Senkung bringt es mit sich, dass immer wieder **Elisionen** (Vokalauslassungen) vorgenommen werden müssen, die eine überflüssige Senkung im Wort tilgen. Auf diese Weise wird zum Beispiel aus „verteidigen" *„verteid'gen"* (V. 1 883), aus „heilige" *„heil'ge"* (V. 1 983) oder auch aus „trunkenen" *„trunknen"* (V. 374).

Seit Lessings *Nathan der Weise* (1779) – auch dies im Übrigen ein Drama, das sich der Sonderform des Schauspiels zuordnen lässt – war der Blankvers für das dramatische Schaffen in Deutschland in Mode gekommen. Sein Anwendungsspektrum ist ausgesprochen breit: Ein feierlicher Sprachduktus kann durch ihn ebenso erzeugt werden wie ein gelöst-fließender Ton. Im Folgenden die exemplarische metrische Analyse zweier den Blankvers streng beachtender Textstellen:

> IPHIGENIE. *Heraus in eure Schatten, rege Wipfel*
> *Des alten, heil'gen, dichtbelaubten Haines,*
> *Wie in der Göttin stilles Heiligtum,*
> *Tret ich noch jetzt mit schauderndem Gefühl,*
> *Als wenn ich sie zum ersten Mal beträte,*
> *Und es gewöhnt sich nicht mein Geist hierher.* (V. 1– 6)

> IPHIGENIE. *Du forderst mich! was bringt dich zu uns her?*
> THOAS. *Du schiebst das Opfer auf; sag an, warum?*
> IPHIGENIE. *Ich hab an Arkas alles klar erzählt.*
> THOAS. *Von dir möcht ich es weiter noch vernehmen.*
> IPHIGENIE. *Die Göttin gibt dir Frist zur Überlegung.*
> THOAS. *Sie scheint dir selbst gelegen, diese Frist.*
> (V. 1 804–1 809)

Auch seine Flexibilität gegenüber den eigenen Regeln machte den Blankvers im 18. Jahrhundert so beliebt: Abweichend vom Prinzip der strengen Alternation, erlaubt der Vers jederzeit die eine oder andere Betonungsverschiebung oder Hebungs- und

Senkungsdoppelung, wenn die natürliche Wortbetonung oder die besondere inhaltliche Gewichtigkeit eines Verses es erforderlich machen. Solche **Unterbrechungen der Regelmäßigkeit** des Blankverses weisen immer auf einen besonderen **Gemütszustand des Sprechers** hin. Auf diese Weise ist es beispielsweise möglich, Iphigenies Unsicherheit gegenüber einem misstrauisch nachfragenden Thoas auch metrisch zu unterstreichen, wie es im Vers 1 889 der Fall ist: „Sie sind – sie scheinen – für Griechen halt ich sie." Hier sind zwei aufeinanderfolgende Silben – die fünfte und die sechste – unbetont gehalten, was das getragen-sichere metrische Gleichmaß des Blankverses durchbricht und Iphigenies kurzes Straucheln deutlich macht.

Von diesen einzelnen Versen abgesehen, gibt es in der *Iphigenie* eine Handvoll Stellen, die über mehrere Verse hinweg nicht im Blankvers gehalten und dadurch besonders hervorgehoben sind. Es sind dies das Gebet Iphigenies im 4. Auftritt des 1. Aufzugs, die Vision Orests im 2. Auftritt des 3. Aufzugs, die hymnische Huldigung Iphigenies an Pylades im 1. Auftritt des 4. Aufzugs und das „Lied der Parzen" im 5. Auftritt des 4. Aufzugs.

Die folgende Stelle schließlich illustriert, wie flexibel der Blankvers auf die inhaltlich motivierten Bedürfnisse eines Sprechers reagieren kann. Die Verse können exakt so skandiert werden, wie der Blankvers es erfordert. Es ist aber ebenso möglich, an den Beginn einer jeden Frage, die die aufgewühlte Iphigenie dem König der Taurer stellt, zwei Hebungen unmittelbar hintereinander zu setzen, sodass sich dieses Skandierungsschema ergibt:

IPHIGENIE (nach einigem Stillschweigen).
Hát dénn zur únerhörten Tát der Mánn
Állein das Récht? Drückt dénn Unmöglichés
Núr Ér an díe gewált'ge Héldenbrúst?
Wás nénnt man gróß? Was hébt die Seéle schaúdernd
Dém ímmer wiederhólenden Erzähler? (V. 1 892–1 896)

Über die metrische Gestaltung hinaus kennzeichnet eine Vielzahl **rhetorischer Figuren** die sprachliche Form des Textes. Die eben zitierte Stelle ist beispielhaft dafür. Sie enthält gemeinsam mit den Versen 1 904 bis 1 912 mehrere rhetorische Fragen, die durch ihren Negationscharakter die alleinige Berechtigung der Männerwelt zum Heldentum bestreiten.

Erwähnenswert ist auch das Spiel mit **Personifikation** und **Verdinglichung**, das sich an einigen Stellen des Schauspiels findet. So reduziert Iphigenie zu Beginn des 4. Aufzugs Pylades zunächst auf den „Arm des Jünglings in der Schlacht" und „des Greises leuchtend Aug in der Versammlung" (V. 1 384 f.), um seine Seele in den beiden unmittelbar folgenden Versen dann zu personifizieren (vgl. V. 1 386 f.) – alles in allem ein sehr ausdrucksstarkes Gesamtbild für die Kampfkraft und die Klugheit, die Iphigenie dem Freund zuschreibt. Personifiziert wird wenige Verse später auch die Lüge (vgl. V. 1 405–1 408). Die Dämonie der Lüge wird zusätzlich verdeutlicht durch einen bildhaften Vergleich mit einem Pfeil, der gleich einem Bumerang zurückkehrt und seinen Schützen trifft (vgl. V. 1 409–1 411). Angst und Zweifel Iphigenies zeigen **Ausrufe** wie „Ach!" (V. 1 401), „Weh!" (V. 1 404), „O weh der Lüge!" (V. 1 405) und – als Arkas kommt und sie immer unruhiger wird – „Hier!" (V. 1 416).

Mit diesen Ausrufen nicht zu verwechseln und in ihrer Intensität viel tiefer gehend sind die direkten **Appelle**, die Iphigenie kurz vor ihrem Geständnis gegenüber Thoas an die Götter richtet: „Allein Euch leg ich's auf die Kniee! Wenn / Ihr wahrhaft seid, wie ihr gepriesen werdet; / So zeigt's durch euern Beistand und verherrlicht / Durch mich die Wahrheit!" (V. 1 916–1 919) Die hierin enthaltene Konditionalkonstruktion, mit der den Göttern die Wahrhaftigkeit abgesprochen wird, sofern sie keinen Beistand leisten, verbalisiert das Schwanken der Priesterin zwischen Hoffnung und Verzweiflung. Und die unregelmäßige Betonung des „Euch" in Vers 1 916 verweist einmal mehr auf die intensive und differenzierte metrische Gewichtung, zu der der Blankvers in der Lage ist.

Ergänzt wird die reiche Rhetorik durch eine ausdrucksstarke **Metaphorik**, die mehrere Bildbereiche variiert. Der bereits mehrfach angeführte, Iphigenies Geständnis vorbereitende Monolog im 3. Auftritt des letzten Aufzugs beispielsweise operiert mit dem Bildbereich „Krieg": Da ist von „Feinde(n)" (V. 1 899, V. 1 903) die Rede, von einem „Heer" (V. 1 899), vom Wüten und Ergreifen (vgl. V. 1 900 f.), von „Pferden" (V. 1 903), „Beute" (V. 1 903), „Räubern" (V. 1 907), vom „Recht des Schwerts" (V. 1 911) und von Blut (vgl. V. 1 911) und am Ende gar von den als unerschrockene Kriegerinnen bekannten Amazonen (vgl. V. 1 910). Um die Grausamkeit dieser Männerwelt mit ihren ausschließlich über Mord und Totschlag definierten Heldentaten zusätzlich zu unterstreichen, verdinglicht Iphigenie in ihrer Rede sogar den von ihr exemplarisch aufgegriffenen männlichen Helden zur Flamme, die in dem feindlichen Heerlager nachts wütet wie ein Flächenbrand (vgl. V. 1 900). Ähnlich ausgebreitete metaphorische Bereiche sind in Goethes Drama unter anderem das **Band**, das beispielsweise die mythische Abhängigkeit der Tantaliden von ihrer Vergangenheit symbolisiert (vgl. V. 330 f.), das **Blut**, das für Orests Schuld steht (vgl. V. 750–753) und gewissermaßen die Fährte für die Erinnyen darstellt (vgl. V. 581–584), oder auch das **Herz**, das die Sphäre des Gefühls und der Innerlichkeit widerspiegelt (vgl. V. 302–305).

Eine wichtige Funktion kommt schließlich der **klanglichen Gestaltung** des Textes zu. Wie das Metrum wird sie als ganz bewusst eingesetzter Verstärker wirksam. Wenn es etwa darum geht, dem Rezipienten des Stückes zu Beginn des 2. Aufzugs die Situation Orests darzustellen, so geschieht dies an entscheidender Stelle durch die auffällige Häufung von Reibe- und Verschlusslauten, die das Dilemma Orests klanglich unterstreichen:

> *So nehm' ein Gott von meiner schweren Stirn*
> *Den Schwindel weg, der auf dem schlüpfrigen,*
> *Mit Mutterblut besprengten Pfade fort*
> *Mich zu den Toten reißt.*
> (V. 750–753)

Zahlreich sind auch die Vokale und Diphthonge, die in zwei aufeinanderfolgenden Wörtern – teils auch am Wortanfang und damit in der Gestalt einer **Alliteration** – vorkommen: Die entsprechenden Silben in den Versen 756 *(„Erwart es…")*, 760 *(„beide schreiten…")* und 761 *(„überlegter Kühnheit…")* sind nur einige Beispiele von vielen. Nicht zuletzt greift Goethe in seinem Drama immer wieder auf ein grammatisch stilisiertes und gräzisierendes Vokabular zurück. So finden sich mit Wörtern wie „Hallen" (V. 19), „Mitgeborne" (V. 21) oder „umgewandt" (V. 47) von Goethe vorgenommene Lehnübersetzungen aus dem Griechischen, deren Ziel es ist, den Geist der griechischen Tragödie im Besonderen und der griechisch-römischen Antike im Allgemeinen nachzuahmen. Ein ähnliches Ziel verfolgen Vokabeln, die auch schon zur Entstehungszeit der *Iphigenie* altertümlich wirkten – der „Hain" in Vers 2 oder die Flexionsform „beut" in Vers 54 stehen beispielhaft dafür –, oder transitiv verwendete intransitive Verben („Ich denke nicht den Tod", V. 601).

6 Interpretation von Schlüsselstellen

Die im Folgenden untersuchten Textstellen spielen eine Schlüsselrolle für den Entwicklungsprozess, den Iphigenie bei ihrem Ringen um den richtigen Umgang mit der Wahrheit durchläuft. In einem ersten Schritt werden die Textstellen in Gestalt einer strukturierenden Inhaltsangabe in Aufbau und Inhalt wiedergegeben, in einem zweiten Schritt erfolgt jeweils die Interpretation anhand ausgewählter Aspekte.

IV, 1 (V. 1369–1420)

Der 1. Auftritt des 4. Aufzugs der *Iphigenie* umfasst einen Monolog Iphigenies, der in **drei Sinnabschnitte** unterteilbar ist.

Im ersten Abschnitt lobt Iphigenie den **Beistand der Götter** in schweren Zeiten. Sie ist überzeugt davon, dass die Götter, welchen Schicksalswandel sie dem Menschen auch immer auferlegen, stets für einen vertrauten Freund sorgen, der in der Not hilft (vgl. V. 1369–1381).

Iphigenie bekennt, wie sehr sie Pylades, der für sie dieser vertraute Freund ist, verehrt. Sie erbittet den Segen der Götter für ihn und lobt seine Tatkraft, seine Klugheit und seine Hilfsbereitschaft ihr und Orest gegenüber. Pylades sei es, so Iphigenie, der sie, nachdem sie viel zu sehr mit der Freude über das Wiedersehen mit ihrem Bruder beschäftigt war, an die drohende Opferung erinnert und zur schnellen Tat gedrängt hat. Er und Orest seien gerade dabei, zu den Griechen und ihrem in einer Bucht versteckten Schiff zurückzukehren, während sie, um ihren Teil der von Pylades ersonnenen List zu erfüllen, den König Thoas belügen soll. Sie erkennt **ihre Hilflosigkeit** in dieser Sache:

> [...] Ach! ich sehe wohl,
> Ich muss mich leiten lassen wie ein Kind.
> Ich habe nicht gelernt zu hinterhalten,
> Noch jemand etwas abzulisten. [...]
> (vgl. V. 1382–1404, hier V. 1401–1404)

Im letzten Abschnitt schlägt die zunächst positive Einstellung Iphigenies gegenüber Pylades' List – angedeutet durch ein „Weh!" in Vers 1404 – in **Zweifel und Schuldgefühle** um. Iphigenie stellt fest, dass von dem Fluchtplan keine wirkliche Lösung des Problems, keine echte Befreiung der Seele zu erwarten ist. Sie hat Angst, dass der durch die Lüge unehrlich gewonnene Vorteil „von einem Gotte" (V. 1409) gerächt wird. Zu alledem treibt sie die **Sorge um den Bruder** um: Die Erinnyen könnten, so ihre Befürchtung, die Verfolgung Orests fortsetzen, sobald er das heimische Ufer erreicht hat. Und ohnehin bestände für die Griechen noch immer die Gefahr, entdeckt zu werden, was den sicheren Tod zur Folge hätte. Als sie den Boten des Königs kommen sieht, den sie ja belügen soll, wird sie betrübt, aufgeregt und regelrecht panisch (vgl. V. 1404–1420).

Iphigenie (Judith Engel) muss ihren Gewissenskonflikt mit sich austragen; Aufführung der Schaubühne Berlin (2009)

Dieser sich vollziehende **Umschwung** in der Einstellung gegenüber der List und die Ernüchterung über den kurz zuvor noch verehrten Pylades ist das entscheidende Moment der Textstelle. Zu Beginn noch sieht die Priesterin den Freund aufgrund seiner Tatkraft als Befreier von dem Schicksal der Tantaliden. Denn würde der von Pylades ersonnene Fluchtplan funktionieren, wäre Iphigenie nicht mehr gezwungen, ihren Bruder zu opfern, und der Ausbruch aus der Kette der Gräueltaten, die in der Familie Tantalus' Tradition haben, wäre geglückt – zumindest auf einer vordergründigen Ebene. Iphigenie erkennt in der Strategie des Pylades zunächst eine Lösung aller Probleme – die bereits erwähnte auffällige Bildlichkeit bei der Beschreibung Pylades' untermauert dies (vgl. V. 1384 f.).

Mit einem Mal aber rücken die problematischen Aspekte von Pylades' Strategie in das Zentrum der Reflexion Iphigenies. Bereits im Vers 1 401 deutet sich dieser Umschwung an, zumal hier der Blankvers als dominierendes und Regelmäßigkeit gewährleistendes Metrum zugunsten eines sechshebigen Verses kurzzeitig aufgegeben wird: Wie der sorgenvolle Ausruf „Ach!" in diesem Vers ist dies ein erstes Indiz für das **Aufbrechen eines inneren Konflikts** in Iphigenie. Die Lüge, zu der sie sich Pylades gegenüber verpflichtet hat, wird der Priesterin nunmehr zum Gräuel. In Form einer Personifikation entfaltet sie auch auf rhetorischer Ebene ihre bedrohliche Wirkung:

> [...] *Sie befreiet nicht,*
> *Wie jedes andre wahrgesprochne Wort,*
> *Die Brust; sie macht uns nicht getrost, sie ängstet*
> *Den der sie heimlich schmiedet [...].*
> (V. 1 405–1 408)

Damit ist der Meinungsumschwung, den Iphigenie gegenüber der List des Pylades vollzieht, deutlich fassbar.

Gleichzeitig bedeutet dieser Umschwung eine Hinwendung Iphigenies zu **Idealen**, die als ethische Prämissen in den Wertekatalog der Klassik Eingang gefunden haben: Wenn Iphigenie sich von einem Vorhaben, das ihr Leben sowie dasjenige Orests und seines Freundes rettet und das ihr obendrein die Rückkehr in die geliebte Heimat und die Befreiung vom verhassten Priesteramt auf Tauris ermöglicht, abwendet, weil die Lüge sie abstößt und sie Arkas nicht „mit falschem Wort begegnen" (V. 1 420) will, so verpflichtet sie sich auf die **Tugend bedingungsloser Aufrichtigkeit und vorbildhafter Humanität**. Persönliche Egoismen stellt sie demgegenüber zurück – ein Beispiel, dem auch Thoas am Ende des Stückes folgt.

Ein weiteres „klassisches" Ideal hängt eng damit zusammen, das in der vorliegenden Textpassage noch negativ formuliert ist und von Iphigenie erst mit dem Geständnis gegenüber Thoas verinnerlicht wird: der Grundsatz eigenverantwortlichen, **auto-nomen Handelns** nach dem eigenen Gewissen. Wie unvollkommen Iphigenie in dieser Beziehung noch ist, zeigen die zunächst unkritische Übernahme der Planungen Pylades' und ihre Bemerkung, auf Leitung und Führung völlig angewiesen zu sein. Mit der veränderten Einstellung gegenüber Pylades jedoch deutet sich eine Veränderung auch für die Handlungsfähigkeit Iphigenies an, die dann für die „unerhörte Tat" entscheidend wird. Mit einem Wort: In der untersuchten Textstelle werden auf der Ebene des Bewusstseins die **Voraussetzungen für das Handeln am Ende** des Schauspiels geschaffen. Der Passage kommt vor diesem Hintergrund eine zentrale Funktion im Stück zu.

Iphigenie (Sigrun Fischer) zwischen allen Stühlen. Foto aus der Aufführung des Staatstheaters Cottbus 2009

Auszug aus V, 3 (V. 1 892–1 936)

Die Textpassage enthält erneut eine lange Äußerung Iphigenies, die vor dem König von Tauris steht. Auch hier ist eine Untergliederung in **drei Sinnabschnitte** möglich.

Zunächst wirft Iphigenie die Frage auf, was unter einer **„unerhörten Tat"** zu verstehen sei und ob der Mann alleine das Recht zu einer solchen Tat habe. Anschließend erörtert sie den **Charakter der typisch „männlichen" Heldentat:** Danach wird derjenige von den Dichtern als Held besungen, der nächtens unter Einsatz des eigenen Lebens in ein feindliches Heereslager eindringt, zahlreiche Feinde tötet und am Ende beutebeladen und auf feindlichen Pferden gerade noch heil zurückkommt. Heldenhaft handle, so Iphigenie, auch der, der vom sicheren Weg abgeht und sich – wiederum das eigene Leben aufs Spiel setzend – durch gefährliche Wildnis schlägt, um diese von Verbrechern zu befreien. Am Schluss dieses Abschnittes schließlich steht die geradezu verzweifelte Frage, ob denn angesichts dieser genuin „männlichen" Definition einer großen Tat dem weiblichen Geschlecht die Möglichkeit zum Heldentum gänzlich vorenthalten sei beziehungsweise ob es sich, amazonengleich und wider seine Natur, der gewaltsamen Konfliktlösungsstrategien der Männerwelt bedienen müsse, um heldenhaft zu handeln (vgl. V. 1 892–1 912).

Dass vor allem diese letzte Frage für Iphigenie nur rhetorischer Art ist, wird im zweiten Sinnabschnitt ihrer **leidenschaftlichen Stellungnahme** deutlich, in dem sie indirekt und unter Bezugnahme auf den ersten Abschnitt den Charakter einer „unerhörten Tat" neu festlegt (oder zumindest das Definitionsspektrum erweitert) und sich dazu durchringt, eben eine solchermaßen neu definierte Heldentat zu begehen. Iphigenie ist sich dabei bewusst, dass dieser Schritt für sie und ihre Mitverschwörer ein großes Risiko birgt. Daher wendet sie sich an die **Götter** und erbittet deren **Beistand**, ja, erzwingt ihn sogar, indem sie auf die

Wahrhaftigkeit der Götter anspielt, von der immer wieder die Rede sei und die zu beweisen es nun an der Zeit sei. Jetzt erst wird vollends klar, was Iphigenie unter einer „unerhörten Tat" versteht – nämlich den **Entschluss zur Wahrheit** ohne Rücksicht auf taktisches Kalkül (vgl. V. 1912–1919).

Ihrem Entschluss gemäß **verrät** Iphigenie dem Taurerkönig den gemeinsamen **Flucht- und Raubplan** und erzählt, wie es dazu gekommen ist: Bei den beiden gefangenen Griechen handle es sich um ihren Bruder Orest und dessen Freund Pylades. Apoll habe die beiden nach Tauris geschickt mit dem Auftrag, das dort befindliche Bildnis der Göttin Diana, seiner Schwester, zu rauben und zu ihm zu bringen. Als Gegenleistung habe er Orest, dem Muttermörder, die Befreiung von der Verfolgung durch die Erinnyen versprochen. Gegenwärtig seien die beiden Freunde auf dem Weg zu ihren Gefährten, die auf einem Schiff am Ufer auf sie warten. Iphigenie schließt ihr Geständnis mit dem Hinweis an Thoas, er habe nunmehr das Schicksal der Letzten des Geschlechts der Tantaliden in seiner Hand. Dass sie diese neu gewonnene Überlegenheit von Thoas als moralische Verpflichtung und **Auftrag zu moralischem Handeln** verstanden wissen will, macht sie deutlich durch die raffinierte Aufforderung an den König, sie zu verderben, wenn er denn – aus moralischer Sicht – *dürfe* (vgl. V. 1919–1936). Die Priesterin spricht damit Thoas die Entscheidungsgewalt zu, stellt sie aber zugleich wieder subtil infrage.

Bis zum letzten Vers ist die Textstelle nach allen Regeln dramatischer Kunst aufgebaut. Sie ist **(Seelen-)Drama** im Drama: Iphigenies Argumentation gegen die ausschließlich „männliche" Definition allen Heldentums erreicht ihren dramatischen Höhepunkt in dem Entschluss, dieser Definition eine explizit „weibliche" entgegenzustellen und eine solche **„weibliche" Heldentat** in der Situation äußerster Bedrängnis auch zu wagen. Eine Entspannung stellt demgegenüber das eigentliche Geständnis dar: Hier wird nur noch das, was das **Ergebnis eines heftigen inneren Kampfes** Iphigenies ist, nach außen transportiert und realisiert.

Ausgesprochen kunstvoll ist auch die Art und Weise, mit der Iphigenie die männliche Vorstellung von echtem Heroentum geißelt. Eine **Vielzahl rhetorischer Fragen** hat hier den alleinigen Zweck, diese Definition zu destabilisieren: „Hat denn zur unerhörten Tat der Mann / Allein das Recht?" (V. 1 892 f.), „Drückt denn Unmögliches / Nur Er an die gewalt'ge Heldenbrust?" (V. 1 893 f.), „Wird der allein gepriesen?" (V. 1 904), oder, an anderer Stelle: „Ist uns nichts übrig?" (V. 1 908), und: „Muss ein zartes Weib / […] wie Amazonen / […] mit Blute / Die Unterdrückung rächen?" (V. 1 908–1 912). Im unmittelbaren Umfeld dieser rhetorischen Fragen erfolgt eine beispielhafte Darstellung dessen, was den Mann aus der Sicht des Mannes nun genau zum Helden macht: Männer lösen Probleme mit mutiger und gleichermaßen blindwütiger Bereitschaft zur Tat, agieren heimlich und listig, wüten und morden und versuchen bei alledem, noch ordentlich Beute zu machen. Ein besonderes Ideal wird darüber hinaus durch ein gewisses **Einzelgängertum** angedeutet: Seine Heldentaten begeht der wirkliche Held am besten alleine, ganz auf sich gestellt. Nur diese **Mischung aus Mut, List und Gewalt** gewährleistet dem Helden ein Weiterleben im kollektiven Gedächtnis und eine Überlieferung seiner Taten an nachlebende Geschlechter durch die Dichter.

Dass Iphigenie sich trotz der Beeinflussungsversuche durch Pylades, ohne das Wissen ihres Bruders und ungeachtet des Drucks der von allen Seiten an sie herangetragenen Erwartungen gegen das „männliche", gesellschaftlich sanktionierte Handlungsmodell entscheidet, stellt die **Vollendung jenes Entwicklungsprozesses** dar, der im 1. Auftritt des 4. Aufzugs begonnen wird und in der untersuchten Textstelle eindrucksvoll seinen Abschluss findet. Das Ergebnis dieser Entwicklung ist – ganz dem

klassischen Ideal entsprechend – eine **autonome, selbstverant-
wortliche und entscheidungskompetente Frau**, deren einziger Handlungs- und Bewertungsmaßstab die Humanität ist.
Dass Goethe diese musterhafte Entwicklung im von der eigenen
Realität weit entfernten Raum der griechischen Mythologie
durchspielt, deutet freilich darauf hin, dass hier eine Utopie formuliert wird.

Iphigenie (Angela Winkler) gesteht Thoas (Ulrich Wildgruber) den geplanten Betrug;
Aufführung der Schaubühne Berlin (1998); Regie: Klaus Michael Grüber

Rezeptionsgeschichte

Goethes *Iphigenie* gilt als eines der wichtigsten Werke der deutschen Literatur und als **das Werk der Weimarer Klassik schlechthin**. Innerhalb des Schaffens Goethes markiert sie den endgültigen und tief greifenden **Paradigmenwechsel des Dichters** – weg von der Regellosigkeit des Sturm und Drang, hin zu den Stoffen der Antike und zur klassizistischen Orientierung an den aristotelischen Einheiten von Zeit, Ort und Handlung bei gleichzeitiger Adaption zentraler Inhalte der philosophischen Aufklärung.

Die **zeitgenössische Reaktion** auf das Schauspiel Goethes war **zwiespältig**. Schiller beispielsweise schrieb am 21. Januar 1802 an Christian Gottfried Körner:

> Hier wollen wir im nächsten Monat Goethes „Iphigenia" aufs Theater bringen; bei diesem Anlaß habe ich sie aufs neue mit Aufmerksamkeit gelesen, weil Goethe die Notwendigkeit fühlt, einiges darin zu verändern. Ich habe mich sehr gewundert, daß sie auf mich den günstigen Eindruck nicht mehr gemacht hat, wie sonst; ob es gleich immer ein seelenvolles Produkt bleibt. Sie ist aber so erstaunlich modern und ungriechisch, daß man nicht begreift, wie es möglich war, sie jemals einem griechischen Stück zu vergleichen. Sie ist ganz nur sittlich; aber die sinnliche Kraft, das Leben, die Bewegung und alles, was ein Werk zu einem echten dramatischen spezifiziert, geht ihr sehr ab. [13]

Noch negativer hatte sich Jahre zuvor der Schweizer Philologe Johann Jakob Bodmer gegenüber der Prosafassung geäußert: „Ich bin unglücklich, [...] daß ich Goethens *Iphigenie* für schlechter als das schlechteste unter Senecas Trauerspielen halte, denn ich habe sie in Manuskript gelesen. Er tut wohl, daß er sie dem

Publico vorenthält."[14] Diesen Urteilen standen aber auch positive Stellungnahmen gegenüber – der Historiker und Literat Justus Möser etwa oder Goethes Freund Carl Ludwig von Knebel betonten jeweils, wie sehr die *Iphigenie* Eindruck auf sie gemacht habe.

So durchwachsen die Reaktionen der Zeitgenossen und Freunde Goethes auf den Text zunächst waren, so kometenhaft fiel der Aufstieg der *Iphigenie* nach Goethes Tod bis weit ins 20. Jahrhundert hinein aus. Vor allem in den Jahren **nach der Reichsgründung von 1871**, auf dem Höhepunkt des deutschen Nationalismus im 19. Jahrhundert, schien das Werk dazu geeignet, die Affinität der deutschen Kultur zu einer idealisierten Antike deutlich zu machen und als Nachweis der angeblichen deutschen Überlegenheit zu deuten. Noch Goethe-Experten wie Emil Staiger priesen *Iphigenie* in ihrer Interpretation als **Inbegriff einer überzeitlichen Humanität** und erhoben sie zum Monument der gesamten humanen Dichtung im deutschsprachigen Raum.

In den Jahren nach dem Zweiten Weltkrieg jedoch verschob sich dieser Fokus. Benno von Wiese ermahnte die Literaturwissenschaft erstmals 1948:

> *Man hat „Iphigenie" immer wieder als ein deutsch-griechisches Drama der „Humanität" verherrlicht, in dem der Gedanke eines sittlichen und schönen Menschentums das Bündnis mit dem antiken Gestaltbegriff eingegangen sei. Aber im Grund geht diese populär gewordene Auslegung am Wesentlichen vorbei.*[15]

Auch dem Soziologen und Philosophen Theodor W. Adorno schien der Begriff der Humanität, so wie er im Zusammenhang mit Goethes *Iphigenie* konstruiert worden war, in vielerlei Hinsicht widersprüchlich. Stattdessen betonte Adorno den Mythos, die Verstrickung des Menschen in einen irrationalen, unaufgeklärten Schicksalsglauben als den zentralen Aspekt des goetheschen Schauspiels, den Iphigenie überwindet, wodurch sie eine aufgeklärte Autonomie erringt. Manche neuere Interpretation versucht eine Zusammenführung beider Ansätze und stellt das Humanitätskonstrukt der *Iphigenie* dem Aspekt der aufgeklärten menschlichen Autonomie gleichberechtigt an die Seite. Interessant schließlich ist die Deutung des Schlusses, die Wolfdietrich Rasch vornimmt: Gegen die gängige Auffassung von einem glücklichen Ausgang des Stückes, der durch das von Thoas gegebene „Lebt wohl!" (V. 2 174) seine Vollendung erfährt, konstatiert er ein ruppiges, sehr wenig herzliches Auseinandergehen von Griechen und Skythen, nachdem es im Text weder zu einer Entgegnung Thoas' auf das von Iphigenie geäußerte Angebot der Gastfreundschaft noch zu einer sonst irgendwie gearteten Völkerversöhnung kommt. Die Deutung, durch das Schauspiel werde eine allumfassende, alles Übel der Welt tilgende Humanität propagiert, lehnt er vor diesem Hintergrund ab.

Von dem wissenschaftlichen Disput und der Neigung mancher Interpreten zur Überpsychologisierung unbeeindruckt, erfreut sich das Stück auch im 21. Jahrhundert einer soliden Beliebtheit auf den Bühnen in Deutschland.

Literaturhinweise

Primärliteratur:

GOETHE, JOHANN WOLFGANG VON: *Iphigenie auf Tauris. Ein Schauspiel.* Anmerkungen von Joachim ANGST und Fritz HACKERT. Stuttgart, Reclam Verlag 2007.

JEßING, BENEDIKT: *Johann Wolfgang von Goethe. Iphigenie auf Tauris. Erläuterungen und Dokumente.* Stuttgart, Reclam Verlag 2005.

STAEHLE, ULRICH (Hrsg.): *Arbeitstexte für den Unterricht. Theorie des Dramas.* Stuttgart, Reclam Verlag 1999.

Sekundärliteratur:

ADORNO, THEODOR W.: *Gesammelte Schriften, Bd. 11: Noten zur Literatur,* hrsg. von Rolf TIEDEMANN. Darmstadt, Wissenschaftliche Buchgesellschaft 1998.

ALT, PETER ANDRÉ: *Klassische Endspiele. Das Theater Goethes und Schillers.* München, C. H. Beck 2008.
Interpretationen klassischer Dramen – darunter der *Iphigenie* Goethes – im Lichte neuer Erkenntnisse zur Zeit um 1800.

BORCHMEYER, DIETER: *Johann Wolfgang von Goethe: Iphigenie auf Tauris,* in: Deutsche Dramen. Interpretationen zu Werken von der Aufklärung bis zur Gegenwart, hrsg. von Harro MÜLLER-MICHAELS, Bd. 1, Königstein, Athenäum 1981, S. 52–86.
Borchmeyers Interpretation gehört zu den am intensivsten rezipierten *Iphigenie*-Deutungen der Gegenwart.

BORCHMEYER, DIETER: *Schnellkurs Goethe.* Köln, DuMont 2005.
Auf knapp 200 Seiten ein Überblick über das Leben und Werk Goethes, auch mit kurzer Darstellung der *Iphigenie auf Tauris,* geeignet als Nachschlagewerk.

BORRIES, ERNST und ERIKA VON: *Deutsche Literaturgeschichte.*
Bd. 3: Die Weimarer Klassik. Goethes Spätwerk.
München, dtv 1991.
Ernst und Erika von Borries führen in diesem Band ihrer
Deutschen Literaturgeschichte anschaulich und gut verständ-
lich in die Weimarer Klassik ein. Der *Iphigenie auf Tauris* ist
eine Darstellung von zwanzig Seiten gewidmet.

EISSLER, KURT R.: *Goethe. Eine psychoanalytische Studie
1775–1786*, 2 Bde., München, dtv 1987.

RASCH, WOLFDIETRICH: *Goethes Iphigenie auf Tauris als Drama
der Autonomie.* München, C. H. Beck 1979.
Wolfdietrich Rasch legt in seiner Darstellung den Fokus auf
den Befreiungsprozess, den Iphigenie in Bezug auf das Gefüge
an Erwartungen und Deutungen, das ihre Lebenswelt bestimmt, vollzieht.

TRUNZ, ERICH: *Johann Wolfgang von Goethe. Werke. Kommentare
und Register.* Hamburger Ausgabe in 14 Bänden. Bd. 5: Dramen.
München, C. H. Beck 1982.
Die Hamburger Ausgabe ist die bekannteste und bewährte
kommentierte Textausgabe der Werke Goethes, die der Ger-
manist Erich Trunz ab 1978 besorgte.

WIESE, BENNO VON: *Die deutsche Tragödie von Lessing bis Hebbel,
1. Teil: Tragödie und Theodizee.* Hamburg, Hoffmann & Campe
1948.

Anmerkungen

1 Zitiert nach: JEßING, Benedikt: *Johann Wolfgang von Goethe. Iphigenie auf Tauris*. Erläuterungen und Dokumente. Stuttgart, Reclam Verlag 2005, S. 51.
2 Zitiert nach: JEßING, S. 54.
3 Zitiert nach: JEßING, S. 60.
4 Zitiert nach: JEßING, S. 63.
5 Zitiert nach: JEßING, S. 64 f.
6 Zitiert nach: JEßING, S. 68.
7 Zitiert nach: STAEHLE, Ulrich (Hrsg.): *Arbeitstexte für den Unterricht. Theorie des Dramas*. Stuttgart, Reclam Verlag 1999, S. 30 f.
8 ADORNO, Theodor W.: *Gesammelte Schriften, Bd. 11: Noten zur Literatur*, hrsg. von Rolf TIEDEMANN, Darmstadt, Wissenschaftliche Buchgesellschaft 1998, S. 509.
9 Zitiert nach: JEßING, S. 96 f.
10 EURIPIDES: *Iphigenie bei den Taurern*. Übersetzung von J. J. C. DONNER, Stuttgart, Reclam Verlag 2007, V. 1428-1439.
11 Zitiert nach: JEßING, S. 107.
12 TRUNZ, Erich: Johann *Wolfgang von Goethe. Werke. Kommentare und Register*. Hamburger Ausgabe in 14 Bänden. Band 5: Dramen. München, C. H. Beck 1982, S. 438.
13 Zitiert nach: JEßING, S. 95.
14 Zitiert nach: JEßING, S. 87.
15 WIESE, Benno von: *Die deutsche Tragödie von Lessing bis Hebbel, 1. Teil: Tragödie und Theodizee*. Hoffmann & Campe, Hamburg 1948, S. 103.

Ihre Anregungen sind uns wichtig!

Liebe Kundin, lieber Kunde,

der STARK Verlag hat das Ziel, Sie effektiv beim Lernen zu unterstützen. In welchem Maße uns dies gelingt, wissen Sie am besten. Deshalb bitten wir Sie, uns Ihre Meinung zu den STARK-Produkten in dieser Umfrage mitzuteilen.

Unter *www.stark-verlag.de/ihremeinung* finden Sie ein Online-Formular. Einfach ausfüllen und Ihre Verbesserungsvorschläge an uns abschicken. Wir freuen uns auf Ihre Anregungen.

www.stark-verlag.de/ihremeinung

Richtig lernen, bessere Noten

7 Tipps wie's geht

1. **15 Minuten geistige Aufwärmzeit** Lernforscher haben beobachtet: Das Gehirn braucht ca. eine Viertelstunde, bis es voll leistungsfähig ist. Beginne daher mit den leichteren Aufgaben bzw. denen, die mehr Spaß machen.

2. **Ähnliches voneinander trennen** Ähnliche Lerninhalte, wie zum Beispiel Vokabeln, sollte man mit genügend zeitlichem Abstand zueinander lernen. Das Gehirn kann Informationen sonst nicht mehr klar trennen und verwechselt sie. Wissenschaftler nennen diese Erscheinung „Ähnlichkeitshemmung".

3. **Vorübergehend nicht erreichbar** Größter potenzieller Störfaktor beim Lernen: das Smartphone. Es blinkt, vibriert, klingelt – sprich: Es braucht Aufmerksamkeit. Wer sich nicht in Versuchung führen lassen möchte, schaltet das Handy beim Lernen einfach aus.

4. **Angenehmes mit Nützlichem verbinden** Wer englische bzw. amerikanische Serien oder Filme im Original-Ton anschaut, trainiert sein Hörverstehen und erweitert gleichzeitig seinen Wortschatz. Zusatztipp: Englische Untertitel helfen beim Verstehen.

5. **In kleinen Portionen lernen** Die Konzentrationsfähigkeit des Gehirns ist begrenzt. Kürzere Lerneinheiten von max. 30 Minuten sind ideal. Nach jeder Portion ist eine kleine Verdauungspause sinnvoll.

6. **Fortschritte sichtbar machen** Ein Lernplan mit mehreren Etappenzielen hilft dabei, Fortschritte und Erfolge auch optisch sichtbar zu machen. Kleine Belohnungen beim Erreichen eines Ziels motivieren zusätzlich.

7. **Lernen ist Typsache** Die einen lernen eher durch Zuhören, die anderen visuell, motorisch oder kommunikativ. Wer seinen Lerntyp kennt, kann das Lernen daran anpassen und erzielt so bessere Ergebnisse.